DIE SCHULE BRENNT

Ein Lehrer sucht Auswege aus einem kaputten System

CARSTEN TERGAST

DIE SCHULE BRENNT

Ein Lehrer sucht Auswege aus einem kaputten System

ecoWIN

Um die Lesbarkeit des Buchs zu verbessern, wurde darauf verzichtet, neben der männlichen auch die weibliche Form anzuführen, die gedanklich selbstverständlich immer miteinzubeziehen ist.

1. Auflage

Gesetzt aus der Palatino, Korolev

Medieninhaber, Verleger und Herausgeber:
Red Bull Media House GmbH
Oberst-Lepperdinger-Straße 11–15
5071 Wals bei Salzburg, Österreich

Satz: MEDIA DESIGN: RIZNER.AT
Umschlaggestaltung: Hauptmann & Kompanie, Zürich
Printed by Finidr, Czech Republic
ISBN: 978-3-7110-0290-7

INHALT

PROLOGG – ODER: IM SYSTEM

Am Anfang witzelten wir im Freundeskreis noch rum: »Da hast du einen neuen Job und fängst gleich erst mal mit Urlaub an, das wird ja der reinste Spaziergang!«, sagte mir ein guter Bekannter mit breitem Grinsen, nachdem er festgestellt hatte, dass an meinem offiziellen ersten Arbeitstag Zeugnisferien waren, auf die direkt das Wochenende folgte. Am darauffolgenden Montag allerdings wurde es dann doch ernst, und es begann eine in jeder Hinsicht bemerkenswerte Zeit.

Ein paar Wochen nach meinem ersten Schultag komme ich ins Lehrerzimmer, nachdem ich in meiner sechsten Klasse gefühlt die halbe Geschichtsstunde damit zugebracht hatte zu erklären, warum am 1.1.1901 nicht das 19., sondern das 20. Jahrhundert begann. Trotzdem bin ich an diesem Tag einigermaßen entspannt, was eher die Ausnahme ist, wie ich schnell feststellen musste.

Als die Klassenlehrerin der 7c, die ich in Deutsch unterrichte, mich sieht, winkt sie mich heran.

»Du, Carsten, ich muss mal mit dir reden, hast du einen Moment?«

»Klar, was gibt's?«

»Der Lars aus meiner Klasse hat sich bei mir über dich beschwert …«

»Aus welchem Grund sollte er sich beschweren? Mir fällt nichts ein …«

»Er sagt, du hättest ihn ein Kindergartenkind genannt …«

Ich schweige für einen Moment, überlege, wo die versteckte Kamera sich befinden könnte. Denn das kann ja nicht ernst gemeint sein, oder …

»Ja, habe ich. Und? Wo ist das Problem?«

»Lars empfindet das als Beleidigung.«

»Genau genommen habe ich ihm sein Verhalten gespiegelt, und das ist, wie du selbst als Klassenlehrerin weißt, oft genug das eines Kindergartenkindes. Albern, verspielt und auf alles gerichtet außer den Unterrichtsstoff …«

»Ja, ich weiß. Aber das muss man doch vielleicht trotzdem nicht so sagen. Nachher gibt's wieder Ärger mit den Eltern …«

»Die können sich ja bei mir melden. Ich erkläre ihnen gern die Hintergründe …«

Keine versteckte Kamera, alles vollkommen ernst gemeint, und so entscheide ich mich am nächsten Tag, den Unterricht in der 7c nicht mit dem gerade aktuellen Stoff zu beginnen, sondern mit einer Grundsatzerklärung. Ich erläutere den Schülern, dass mich einer der ihren versucht habe anzuschwärzen, weil ich sein Verhalten als das eines Kindergartenkindes beschrieben habe. Ich nenne absichtlich keinen Namen, sehe Lars aber unruhig und nervös grinsend auf seinem Stuhl hin und her rutschen. Ich erkläre weiter, dass ich das vollkommen ernst gemeint habe und es gern jedem anderen, der sich entsprechend verhält, auch bescheinigen werde. »Wer das als Beleidigung empfindet, möge bitte mal über sein eigenes Verhalten nachdenken«, sind meine Schlussworte, bevor ich wieder zum Stoff der Stunde übergehe und mich einmal mehr frage, warum ich mir das eigentlich antue.

Zeitsprung, wir schreiben das Jahr 2021, seit mehr als einem Jahr hat das Coronavirus gefühlt die Weltherrschaft an sich gerissen. Ich bin zwar kein Lehrer mehr, sehe aber aus der Elternperspektive, wie die Flammen immer höher aus dem Gebäude schlagen: zwei Kinder, die seit Monaten keine Schule mehr von innen gesehen haben und sich stattdessen mit den notdürftig aus dem Boden gestampften Segnungen des Distanzunterrichtes nicht weniger herumschlagen als ihre Lehrer. Wer einmal erlebt hat, wie beide Kinder vom Frühstückstisch aufstehen, weil sie gleich »in Konferenzen müssen«, kann den alten Spruch vom »kleinen Familienunternehmen« gleich wieder viel besser nachvollziehen. Über Monate fällt Familien und Schulen nicht nur die weitgehend verschleppte Digitalisierung auf die Füße, sondern es sind auch plötzlich sämtliche pädagogischen Konzepte hinfällig geworden. Niemand hat Lehrer, Schüler oder uns Eltern auf diese Art des Lernens, das oft genug ein Nicht-Lernen ist, vorbereitet, und die Folgen des Ganzen werden wir erst nach und nach in den nächsten Monaten und Jahren sehen können.

Meine Kinder halten sich gut, besonders meine Tochter schätzt die plötzlich viel flexibleren Arbeitszeiten. Und doch fehlt etwas. Die Freunde werden kaum gesehen, auch Treffen außerhalb der Schule sind über lange Zeit kaum möglich, die menschlichen Beziehungen leiden. Corona zeigt, was an Schule eigentlich wichtig ist und was überschätzt wird. Und es sind eben, wie wir im Laufe dieses Buches noch sehen werden, vor allem auch die Beziehungen zwischen den Menschen, die den Lernerfolg und das Funktionieren von Schule wesentlich beeinflussen.

Lehrer werden und fliehen

Die Vorgeschichte dieses Buches ist eine lange. Im Februar 2018 trat ich als Quereinsteiger eine Stelle als Deutschlehrer an einer Oberschule in Norddeutschland an. Fortan unterrichtete ich Sechst-, Siebt- und Achtklässler auf Haupt- und Realschulniveau, nicht nur in Deutsch, sondern auch in Geschichte und Geschichtlich-Soziale Weltkunde, kurz: GSW. Als sechs Wochen später die Osterferien begannen, beschlich mich bereits das ungute Gefühl, damit nicht die beste Entscheidung getroffen zu haben. Fortan gab ich weiter mein Bestes als Lehrer, begriff mein Tun aber mehr und mehr gleichzeitig auch als Undercoverrecherche über den ungeschminkten Schulalltag in Deutschland. Was ich dort in der Provinz eines 15 000-Einwohner-Städtchens erlebte, rechnete ich insgeheim hoch auf die Zustände in deutschen Großstädten, zumal die medialen Berichte, die man immer wieder von dort lesen konnte, diese Hochrechnung bestätigten oder sogar noch übertrafen.

Ende April traf ich die Entscheidung, trotz eines unbefristeten Arbeitsvertrags, eines menschlich angenehmen Kollegiums und der Aussicht auf ein festes Monatsgehalt bis zum Rentenalter mit dem Ende des Halbjahres und dem Beginn der Sommerferien zum Queraussteiger zu werden und das Erlebte der Öffentlichkeit in Buchform zu präsentieren. Immerhin war das Bücherschreiben das, was ich vorher erfolgreich getan hatte und zu dem ich nun wieder zurückkehren würde. Konzept und Probetext waren schnell erstellt, das Erlebte war schließlich frisch und präsent.

Das Projekt geriet in den Hintergrund, wurde aber an der Jahreswende 2019/20 neu geboren. Warum? Weil die Situation an deutschen Schulen sich nicht nur nicht verbessert hatte. Im Gegenteil: An fast allen deutschen Schulen rangen Lehrpersonal und Schüler mehr denn je verzweifelt darum, vernünftig zu lehren und zu lernen. Das alles in maroden und schlecht ausgestatteten Schulgebäuden, mit ständig wechselnden, zum Teil unausgegorenen pädagogischen Konzepten und einer föderalismusgeplagten Bildungspolitik im Rücken, die, statt sichere Rahmenbedingungen zu schaffen, eher als ständige Bedrohung wahrgenommen wird. Schließlich kam Corona und richtete den Scheinwerfer noch mal in aller Helligkeit vor allem auf einen Teilaspekt der Schulkrise, die weitgehend verschlafene Digitalisierung, legte sich aber auch wie ein Brennglas über alle anderen Probleme.

Klar war also: Das Thema brennt weiterhin, und darüber zu schreiben ist notwendig auf der einen und eine Herkulesaufgabe auf der anderen Seite. Kaum möglich, alle Facetten ausreichend zu beleuchten, alle Aspekte des Themas tiefgehend zu behandeln. Darum wird es hier vor allem auch darum gehen, Zusammenhänge zu verdeutlichen, zu zeigen, dass wir nichts ändern, wenn wir immer nur einzelne Aspekte ins Visier nehmen und das Gesamtbild ignorieren. Derzeit ist Digitalisierung das Modethema schlechthin, und man hat das Gefühl, mit dem Abwerfen eines Carepakets voller Tablets, Smartboards und schnellerer Internetanschlüsse über Deutschlands Schulen sei die Bildungskrise ein für alle Mal gelöst. Nur leider lösen mehr Tablets weder Verhaltensprobleme bei den Schülern noch räumen sie mit früheren Verfehlungen und Versäumnissen in der Schulorganisation auf. Sie sorgen auch nicht für die Sanierung maroder Schulgebäude.

Das Buch sieht Schule aus der Vogelperspektive und stellt die Akteure des Systems dar. Wenn die eine oder andere beteiligte Gruppe sich provoziert fühlen sollte: umso besser, lasst uns streiten!

DIE SCHULLE BRENNT – WER LÖSCHT?

1 f.

Eigentlich bin ich ein eher ruhiger und vor allem sehr auf Höflichkeit und Respekt bedachter Mensch. Doch an diesem Mittwochvormittag sind all diese Eigenschaften außer Kraft gesetzt, und schuld ist mal wieder: die Schule. Die 7c hat Deutsch bei mir, wir sprechen über das Thema Werbung, und eigentlich würde ich mir gern anhören, was die Schüler zur Analyse der Werbeanzeige zu sagen haben, die ich am Ende der letzten Stunde ausgeteilt hatte. Allerdings interessiert das offenbar niemanden. Julian macht, was er will, und quatscht quer durch die Klasse mit Tim. Die Dreiertruppe mit Maja, Emily und Karla hat auch ein viel interessanteres Thema am Kochen, dem sie sich intensiv widmet, und auch der Rest der Klasse ist heute nur schwer zu motivieren, sich mit dem Stoff zu befassen. Wiederholt habe ich das Gefühl, weder mit leisen noch mit lauten Worten zu allen durchzudringen. Genauso gut könnte ich mit der Wand sprechen. Meine Laune wird auch nicht besser, als ich nach dieser anstrengenden Doppelstunde erfahre, dass ich noch eine Stunde dranhängen muss, weil ich in der Fünften die erkrankte Kollegin in Englisch zu vertreten habe.

Die Klasse findet das genauso doof wie ich und dreht in der Vertretungsstunde noch mal richtig auf, sodass schließlich die Nerven blank liegen und ich mich zu einigen sehr unfreundlichen Bemerkungen in Richtung einzelner Schüler und auch der ganzen Klasse hinreißen lasse, die ich direkt nach der Stunde mit ein paar Minuten Abstand bereue.

Am nächsten Tag sehe ich die 7c wieder, und ich beschließe, mit gutem Beispiel voranzugehen. Ich will der Klasse deutlich machen, dass ich verbal zu weit gegangen bin, aber auch die Größe besitze, das einzugestehen. Nachdem ich meine Entschuldigung losgeworden bin und an einigen sehr überraschten Gesichtern merke, dass gerade etwas passiert ist, mit dem der Großteil der Klasse gar nicht gerechnet hatte, geht ganz hinten in der letzten Reihe zögerlich eine Hand nach oben. Malte meldet sich und grinst etwas unsicher, als ich ihn frage, was er sagen möchte. »Na ja … also … ich wollte nur sagen: Sie waren zwar laut und haben ziemlich unfreundliche Worte benutzt, aber ehrlich gesagt … Sie hatten ja vollkommen recht!«

Ich schaue in die Runde, sehe zustimmendes Nicken und höre aus dem allgemeinen Gemurmel ein paar »Stimmt« raus. Für einen Moment bin ich perplex, damit hatte ich nicht gerechnet. Und tatsächlich bekommen wir an diesem Tag zusammen eine ruhige und produktive Doppelstunde hin, in der die Schüler mich mit ihren guten Ideen zum Thema Werbung beeindrucken. Einer der schönen Momente, in denen alle für einige Zeit vergessen, dass rundherum alles in Flammen steht.

»Hurra, hurra, die Schule brennt!« Als 1969 ein Film mit diesem Titel erschien, eine Komödie, die an den Erfolg der »Die Lümmel von der letzten Bank«-Filme anschließen sollte, konnte man noch Witze mit der Vorstellung machen, die bisweilen verhasste Bildungsanstalt würde den Flammen anheimfallen. Als die Ex-Punkband Extrabreit 1980 mit einem Song gleichen Namens Erfolge in der Neuen Deutschen Welle feierte, spiegelte das eher die *No Future*-Haltung eines Teiles der Jugend wider als eine veritable Bildungskrise.

Heute jedoch steht alles in Flammen. Es brennt im Bildungsbereich an allen Ecken und Enden. Marode Gebäude, mangelhafte Ausstattung, sowohl digital als auch analog, verhaltensauffällige Schüler, überforderte Lehrer, orientierungslose Bildungspolitiker und obendrauf eine Pandemie, die wie ein Brennglas den Brand zusätzlich anfacht und bereits gelöscht geglaubte Stellen wieder entzündet hat.

Dabei kann offenbar jeder mitreden. Logisch, jeder war mit mehr oder minder großem Erfolg auf der Schule. Viele haben eigene Kinder, die derzeit unter den miesen Bedingungen zu leiden haben, Lehrer im Bekannten- und Freundeskreis kommen auch noch dazu. Kurzum, es ist fast wie beim Fußball: hier ein Land von 80 Millionen Bundestrainern, die jede Niederlage und jedes Gegentor der eigenen Mannschaft mit ihren Entscheidungen verhindert hätten, dort ein Land von 80 Millionen Lehrern und Bildungsexperten, die die Republik längst aus der Krise geführt hätten, wenn doch nur endlich mal einer auf sie hören würde.

Vorab: Dieses Buch wird die Krise nicht lösen und den Großbrand im Bildungswesen nicht löschen. Es kann aber hoffentlich helfen, Brandursachen und die Glutnester ausfindig zu machen, zu zeigen, mit welchem Gerät am besten gelöscht werden sollte und welche Gebäude unbedingt gerettet und wieder aufgebaut werden müssen. Denn klar ist auch: An einigen Stellen, an denen noch fleißig die Löscharbeiten in Gang sind, wäre es vielleicht besser, alles kontrolliert runterbrennen zu lassen und anschließend zu entsorgen.

Das Grundproblem, an dem viele Lösungen schon im Ansatz scheitern, ist, dass selten so richtig klar wird, worüber genau wir eigentlich sprechen. In der öffentlichen Diskussion erleben wir häufig die Gleichsetzung von Schule und Bildung. Die Bildungsdiskussion erschöpft sich dann auf der Ebene der Diskussion über die Schulen. Dabei ist Bildung so viel mehr als Schulbildung. Sinnvoll wäre es zu definieren, was Schule an Bildung überhaupt leisten kann und soll. Welche über Faktenwissen hinausgehenden Bildungsbereiche sind von Schule abzudecken? Und andersherum gefragt: Widmet sich Schule überhaupt noch ausreichend der Vermittlung von Faktenwissen? Oder verhindern und verwässern nicht die gesellschaftlichen Rahmenbedingungen genau das? Brauchen wir eine Art Wissens- und Fähigkeitenkanon, der unberührt von Moden in Lehrmethoden und Meinungen bleibt? Vielleicht würde so etwas Experimente wie »Lesen durch Schreiben« verhindern, die mit dazu beigetragen haben, dass ein Teil der jungen Menschen heute kaum noch in der Lage ist, einen Satz ohne Rechtschreib- oder Grammatikfehler zu bilden? Dieses Experiment ist auf jeden Fall ein gutes Beispiel dafür, wie die absurde Idee einer kleinen Gruppe einen riesigen Flächenschaden anrichten kann, wenn der Sinn dieser Idee von vornherein lediglich darin besteht, mal wieder eine neue pädagogische Sau durchs Dorf zu treiben.

All die Studien, die in den letzten Jahren nachgewiesen haben, dass entgegen dem Versprechen des Erfinders Jürgen Reichen die Rechtschreibfähigkeit der Kinder erheblich verschlechtert wird, hätten auch rund um die Idee bereits durchgeführt werden können. Stattdessen hat man seit den 1980er-Jahren im Grunde mindestens zwei Generationen von Schülern als Versuchskaninchen für diese Methode missbraucht und nachhaltige Schäden für die Kommunikationsfähigkeit dieser mittlerweile größtenteils erwachsenen Menschen verursacht. Natürlich beeinflussen auch andere Dinge die Rechtschreib- und Ausdrucksfähigkeit. Doch schaut man sich Bewerbungsschreiben oder anderen offiziellen Schriftverkehr an, so drängt sich der Eindruck auf, dass ein großer Teil der Schüler, die mit diesem Konzept lesen und schreiben gelernt haben, auf dem sprachlichen Niveau der Eingangssequenz hängen geblieben sind. Der Sprung, den Reichen versprach, dass sich die richtigen Schreibweisen irgendwann von ganz allein einstellen, ist bei vielen jedenfalls nie erfolgt. Erst jüngst kam eine Studie der Psychologin Prof. Dr. Una Röhr-Sendlmeier von der Universität Bonn zu folgender Erkenntnis:

> »Bei der Methode ›Lesen durch Schreiben‹ steht mehr die schöne Vorstellung im Vordergrund, dass Kinder sich so etwas Komplexes wie die Schriftsprache selbst erarbeiten können, und es wird vergessen, dass die Schriftsprache nicht eine Eins-zu-eins-Entsprechung in der Lautgestalt unserer Sprache hat. [...] Daher würde es dieses Vorgehen den Kindern unnötig erschweren, sich die richtige Schreibweise vieler Wörter zu erschließen.«[1]

Einen guten Eindruck, bei aller gebotenen Vorsicht, wie es um die Rechtschreibfähigkeit gerade von Menschen bis zu einem Alter von etwa 40 Jahren bestellt ist, bekommt auch, wer sich die Zeit nimmt, ab und zu Kommentarspalten in verschiedenen sozialen Medien querzulesen. Gemeint sind dabei nicht Tippfehler durch das schwierige Tippen am Smartphone oder Flüchtigkeitsfehler, die sich anhand des allgemeinen Duktus eines solchen Kommentars schnell erkennen lassen. Gemeint sind hanebüchene Schreibfehler, grammatikalische Sonderbarkeiten und häufig genug »Sätze«, die nicht mal ansatzweise so etwas wie »Satzbau« erkennen lassen.

Weist man Menschen auf solche Dinge hin, läuft man schnell Gefahr, als Klugscheißer oder Oberlehrer tituliert zu werden. Das mag in dem einen oder anderen Fall zutreffen, doch das Grundproblem liegt tiefer. Die Probleme in der Kommunikation beschränken sich häufig genug nicht mehr auf den einen oder anderen Rechtschreibfehler oder auf ein hier und da vergessenes Komma. Das passiert selbst Profis und ist kein Weltuntergang. Weite Teile schriftlicher Kommunikation sind jedoch mittlerweile von einer Unfähigkeit des Ausdruckes erfasst, die die Kommunikation als solche infrage stellt und streckenweise unmöglich macht.

Rechtschreibung und Grammatik sind im Grunde wie das kleine Einmaleins in der Mathematik. Wer die Grundrechenarten nicht beherrscht, wird mit jeder darauf aufbauenden Form »höherer« Mathematik Probleme bekommen und dies auch ganz praktisch im Leben spüren. Wer sich sprachlich nicht verständlich machen kann, vermag auch die sprachlichen Äußerungen anderer in Wort und Schrift nur schwer zu deuten. Damit wird jegliches Textverständnis zum Glücksspiel, sei es die Lektüre simpler Sachtexte, sei es das Ausfüllen von Formularen, sei es das tiefere Verständnis von Nachrichtentexten, ob nun digital oder analog.

Wir sehen also, was ein scheinbar unbedeutender kleiner Teil von Schule auszulösen vermag. Wer sich das vor Augen hält, wird auch verstehen, warum die inflationäre Menge an immer wieder neuen und den alten, zum Teil diametral entgegengesetzten Konzepten kritisch zu sehen ist. Schule darf kein Experimentierfeld mit immer wieder offenem Ausgang sein, kein Labor, in dem man ein misslungenes Experiment dokumentiert, abheftet und beiseitelegt. Jedes misslungene Experiment im Bildungswesen allgemein und in der Schule im Speziellen hat weitreichende negative Folgen für die Gesamtgesellschaft. Das ist oft gerade so, als erprobe man neue Medikamente schon in ihrer frühesten Entwicklungsphase sofort an Menschen und nehme halt hin, dass ein Teil dabei am Ende stirbt. Bei zu vielen

Experimenten im Bildungswesen stirbt am Ende die Bildung und damit auch immer ein wenig von dem, was Gesellschaften zusammenhält.

Dass es überhaupt zu einer solchen Inflation an Experimenten kommen kann, liegt auch an der unseligen Verquickung von Bildungspolitik mit Ideologie und der weitgehenden Weigerung, derartige politische Entscheidungen stärker an wissenschaftlichen Erkenntnissen auszurichten:

> »Die Wissenschaft spielt in der Bildungspolitik kaum eine Rolle. Ihre Erkenntnisse werden selten umgesetzt oder gleich ganz ignoriert. Dies zeigt sich vor allem bei den Veränderungen an deutschen Schulen, die im Zuge der ersten PISA-Ergebnisse vorgenommen wurden. Bildungspolitiker reagierten auf das schlechte Abschneiden deutscher Schüler mit Reformen, die teils einen massiven Wandel in den Bildungssystemen der Länder beabsichtigten. Die für die Umsetzung zuständigen Akteure – vor allem Schulleiter, Lehrer, aber auch Eltern – klagen seitdem über einen erhöhten Reformdruck. Der Grund: Oft erschließen sich Sinn und Logik der Reform dem pädagogischen Personal nur schwer. Das führt dazu, dass Reformen oft mit hohen Kosten und großem Aufwand eingeführt werden, um kurze Zeit später ebenso aufwendig wieder abgeschafft zu werden. [...] Sicher ist, dass in der Bildungspolitik politische Interessen häufig dominieren – zulasten von Fragen der Plausibilität, Wirksamkeit und Sinnhaftigkeit. Es ist auffallend, wie selten sich Forschungsergebnisse in der Praxis durchsetzen.«[2]

Diese Feststellung der Bildungsforscherin Nina Kolleck, Professorin an der FU Berlin, lässt sich an verschiedenen bekannten Themen wie etwa dem gerade erwähnten Schreibenlernen nach der Reichen-Methode oder dem Umstieg des neunjährigen (G9) auf das achtjährige Gymnasium (G8) illustrieren, auf den ich ebenfalls im weiteren Verlauf des Buches noch näher eingehen werde. Kolleck erwähnt in ihrem Artikel auch die geplante Gründung eines »Nationalen Bildungsrats« in der Hoffnung, ein solches Gremium könne zumindest dazu beitragen, dass wissenschaftliche Ergebnisse über alle Bundesländer hinweg künftig eine wichtigere und konkretere Rolle bei politischen Entscheidungsprozessen spielen. Es verwundert wenig, dass die Idee dieses Rates 2019 schon wieder Geschichte war, nachdem verschiedene Länder aus dem Projekt ausstiegen und ankündigten, sie würden allein ohnehin die bessere Schulpolitik machen. Deutlicher hätte man wohl nicht ausdrücken können, wie wenig Politik daran interessiert ist, Schule nicht ständig Spielball politischer Interessen sein zu lassen.

Nicht nur an dieser Stelle ließe sich auch trefflich über Sinn und Unsinn des Bildungsföderalismus diskutieren. Der Autor dieses Buches ist grundsätzlich ein großer Befürworter föderaler Strukturen und misstraut zentralistischen Bestrebungen. Ob jedoch im Bildungsbereich das Beharren auf der Länderhoheit wirklich immer zielführend ist, darf zumindest bezweifelt werden. Die Vergleichbarkeit von Abschlüssen ist oft nicht gegeben, und wer einmal erlebt hat, was es für ein Kind bedeutet, aus einem Bundesland in ein anderes umzuziehen und an einer dortigen Schule Fuß zu fassen, weiß, dass zentrale Vorgaben über alle Länder hinweg nicht selten die bessere Lösung wären. Warum sollte ein Schüler in Rostock komplett anderen Stoff nach komplett anderen Methoden lernen als eine Schülerin in Kassel oder ein weiterer Schüler in Erfurt? Für diesen Wildwuchs gibt es keine nachvollziehbare Begründung. Er ist lediglich Ausdruck eines Fehlers im politischen System, der immer wieder immense Auswirkungen auf die Bildungskarrieren junger Menschen hat.

Der deutsche Bildungsföderalismus ist ein kleinkariertes Beharren auf länderspezifischen Eitelkeiten und zeigt, wie wenig es in vielen Diskussionen über Schule letztlich wirklich um Bildung geht. Experten wie der Präsident des Deutschen Lehrerverbandes, Heinz-Peter Meidinger, nehmen bei diesem Thema kein Blatt vor den Mund und treffen damit den Kern:

> »Es ist nicht ein, es ist **der** Skandal der deutschen Bildungspolitik, dass die Bildungs- und Zukunftschancen von Kindern und Jugendlichen hierzulande in unerträglicher Weise vom Wohnort und damit dem jeweiligen Bundesland abhängen, in dem sie zur Schule gehen. Und es ist zweifellos eine Todsünde, dass trotz Kenntnis dieser Bildungsungerechtigkeit vonseiten der Verantwortlichen so wenig geschehen ist und sich an diesem unhaltbaren Zustand in den letzten Jahrzehnten kaum etwas geändert hat. […] Zwei Jahre Lernfortschritt liegen zwischen den 15-jährigen Bremern und den gleichaltrigen Sachsen, wie erst vor Kurzem mit Blick auf die Mathematikkompetenzen bei Schulleistungsvergleichen das MINT-Nachwuchsbarometer 2020 von Acatech – Akademie der Technikwissenschaften – und Körber-Stiftung nochmals festgehalten hat. […] Zwei Lernjahre Unterschied bereits nach einer Schulzeit von neun Jahren, was wir dank PISA-E seit fast 20 Jahren wissen!«[3]

Die Politik versündigt sich in diesem Punkt tatsächlich an den Bildungschancen vieler junger Menschen, ohne dass es erkennbare Bestrebungen gäbe, diesem Drama ein Ende zu machen. Stattdessen produziert man ständig neues Flickwerk und tagt mit der Kultusministerkonferenz (KMK) darüber, wie dieses Flickwerk gemanagt werden soll. Dabei formuliert die KMK in ihrer Selbstbeschreibung eigentlich einen ganz anderen Anspruch: Angeblich »nehmen die Länder ihre Verantwortung für das Staatsganze selbstkoordinierend wahr. In Angelegenheiten von länderübergreifender Bedeutung sorgen sie für das notwendige Maß an Gemeinsamkeit in Wissenschaft, Bildung und Kultur.«[4]

Leider ist in den konkreten Entscheidungen der KMK von diesem Anspruch einer länderübergreifenden Arbeit meist wenig zu spüren. Sobald die Minister der einzelnen Länder auseinandergegangen sind, wurschteln sie in ihrem jeweiligen Land wieder munter allein vor sich hin und setzen auf eigenständige Profilierung. Letztlich darf man dabei auch nicht vergessen, dass mit 16 Kultusministerien über die Jahrzehnte auch ein riesiger Beamtenapparat gewachsen ist, der versorgt werden will. Eine Verschlankung der Verwaltung durch Zentralisierung würde wohl allein deshalb schon auf erhebliche Widerstände stoßen. Da müssen die Bildungsansprüche der Kinder und Jugendlichen halt zurückstehen.

Das Auseinanderdriften unserer Gesellschaft, der Verlust einer stabilen Mitte, den wir seit geraumer Zeit beobachten können, ist auch eine Folge des Bildungsverlustes. Wer dem widersprechen möchte, indem er darauf verweist, dass die Kompetenzen vieler Menschen in unserer Gesellschaft doch stetig zunähmen, dem seien die Ausführungen über den Unterschied zwischen Bildung und Kompetenzen empfohlen, dem ich mich am Ende dieses Buches widme.

Doch zurück zum Gedanken des Kanons. Da Wissen natürlich niemals statisch ist, bliebe das Problem, woran sich ein solcher Kanon orientieren müsste. Darüber hinaus müsste die Rolle des Lehrpersonals genauer definiert werden. Der weitgehende Rückzug des Lehrers aus der Wissensvermittlung bereits im Grundschulalter ist einer der Gründe für die enormen Defizite, die Jugendliche heute in den Grundfähigkeiten Lesen, Schreiben und Rechnen aufweisen. Solange Lehrer schon von Erst- und Zweitklässlern nur noch als Partner und Mentor wahrgenommen werden sollen statt als Orientierungs- und Lehrperson, wird eine konsistente Wissensvermittlung nicht möglich sein. Die Veränderung der Position des Lehrers mit steigendem Alter der Schüler ist ein Punkt, der wieder viel stärker ins Bewusstsein der Lehrerausbildung gehört. Die Tendenz, Grundschüler mit den gleichen Lernfreiheiten zu »beglücken« wie Abiturienten, verhindert, dass sich Schüler überhaupt zu den Abiturienten entwickeln können, die in der Lage sind, mit diesen Freiheiten zielführend umzugehen.

VERBINDUNGEN HERSTELLEN: DIE ZENTRALEN PROBLEMFELDER

Was waren wir froh, als im Mai/Juni 2021 endlich wieder Präsenzunterricht angesagt war. Seit Dezember 2020 waren die Kinder nicht mehr in der Schule gewesen, und der andauernde Distanzunterricht mit seinen Videokonferenzen, ständigen Mails, Aufgabenstellungen und Feedback via Lernplattform im Netz ging an die Substanz aller Beteiligten. Doch kaum schien sich so etwas wie der gewohnte Rhythmus wieder einzustellen, tauchten auch die alten Probleme wieder auf. Trotz »Präsenzunterricht« an der Schule waren die Kinder nämlich erstaunlich oft wieder daheim präsent. Grund: Unterrichtsausfall in erheblicher Menge. Ein Problem, das im Homeschooling quasi ausradiert worden war und jetzt plötzlich wieder zum Vorschein kam. Und nicht zuletzt eines der kleinen unscheinbaren Probleme, die zeigen, warum es so knirscht im Gebälk, warum es brennt. Digitalisierung und hochgerühmte Unterrichtsmethoden sind eben wirkungslos, wenn der Unterricht gar nicht erst stattfindet. Beim Thema Schulausfall spielen vor allem Lehrergesundheit und Personalmangel eine Rolle, um das in den Griff zu bekommen, müsste also an verschiedenen Schrauben gedreht werden.

Das Thema Schule und Bildung wird heute jedoch überwiegend monokausal angegangen. Da wird dann ein Problemfeld rausgepickt und als ursächlich für die Krise präsentiert, wie eingangs bereits am Beispiel der Digitalisierung beschrieben. Was dabei verdrängt oder vergessen wird: Ohne einen ganzheitlichen Ansatz lässt sich kaum ein Problem wirklich lösen. So wie die Medizin mit der Entdeckung der Psychosomatik erst nach und nach verstanden hat, dass physische und psychische Gesundheit immer Hand in Hand gehen, so werden auch die Akteure im Bildungswesen verstehen müssen, dass dieses nur gesunden kann, wenn an verschiedenen Stellschrauben gleichzeitig gedreht wird und die gegenseitige Beeinflussung dabei im Blick bleibt. Werfen wir einen Blick darauf, an welchen Stellen die Flammen des brennenden Gebäudes besonders hochschlagen.

- **Digitalisierung:** Ein Problem, das auf zwei großen Ebenen gärt. Da ist zum einen die generelle digitale Infrastruktur in Deutschland, in der abseits der großen Zentren mit schnellen Datenautobahnen immer noch Internetgeschwindigkeiten wie auf einem Feldweg herrschen und außerdem längst nicht alle Haushalte mit Kindern halbwegs optimal mit Verbindungen und mit Endgeräten ausgestattet sind. Und da ist zum anderen das Problem der technischen Ausstattung von Schulen: schnelle Internetzugänge, Hardware auf Schulseite wie Whiteboards, mobile Endgeräte und vor allem auch eine Sache, die gern vergessen wird: Personalkapazitäten für die Wartung und den reibungslosen Betrieb der IT-Ausstattung. Im Grunde bräuchte jede Schule mittlerweile mindestens einen eigenen hauptamtlichen IT-Betreuer in Vollzeit, der bei Bedarf von Lehrkräften unterstützt werden könnte, die entsprechende Fortbildungen von ihrem Dienstherrn finanziert bekommen haben. Derzeit läuft die IT-Pflege an vielen Schulen immer noch nach dem Zufallsprinzip. Der Lehrer, der sich sowieso auch privat »immer schon mit Computern beschäftigt« hat, wird eingeteilt, um sich um diese lästige Aufgabe zu kümmern. Selbstverständlich zusätzlich zu seinen normalen Verpflichtungen als Lehrperson.

- **Veränderungen des Verhaltens auf Schülerseite:** Ein Dauerthema, das immer wieder zu heftigen Debatten führt und dessen Beurteilung sehr abhängig davon ist, welche Mode gerade im Umgang mit Kindern und Jugendlichen im Allgemeinen und mit Schülern im Speziellen en vogue ist. Während die einen aus dem Klagen über respektlose und lernunwillige Schüler gar nicht mehr herauskommen, preisen andere die offene und engagierte Schülergeneration von heute. Der Witz dabei: Beide Seiten sprechen über die gleichen Schüler. Das Thema ist auch deshalb so sensibel, weil ein steigender Anteil sowohl von Lehrern als auch von Eltern jeden Hinweis auf solche Verhaltensauffälligkeiten stets als Kritik an der eigenen Person interpretiert. Das führt dazu, dass die Diskussion häufig entweder gar nicht geführt wird oder mit so hoher Emotionalität, dass sie ganz schnell aus dem Ruder läuft und sich in unsinnigen gegenseitigen Beschuldigungen erschöpft. Fakt ist: Hier lohnt ein genauer Blick vor dem Hintergrund entwicklungspsychologischer und gesellschaftlicher Fakten.

- **Veränderungen des Verhaltens auf Elternseite:** Wer Lehrer mit Erfolg auf die Palme bringen will, sollte das Thema »Elternverhalten« anschneiden. Wohl jeder einzelne Lehrer hat seine »Lieblingsmutter« oder seinen »Lieblingsvater«, bei denen der Eingang einer Mail im Postfach oder die Telefonnummer im Display ausreicht, um den Tag zu vermiesen. Während die einen Erziehungsberechtigten sich gar nicht kümmern, schwirren auf der anderen Seite die modernen Helikoptereltern um die Köpfe ihres Nachwuchses und würden sich am liebsten selbst auf die Schulbank setzen. Beides behindert die Entwicklung des Schülers und trägt auf eigene Weise zu Problemen in der Schule bei. Die Punkte »Schülerverhalten« und »Elternverhalten« gehören dabei unbedingt zusammen, da ein Großteil des Schülerverhaltens durch die Art und Weise bestimmt wird, wie im Elternhaus miteinander umgegangen wird.

- **Veränderungen der Lehrmethodik und der Rolle des Lehrers:** Lehrer fühlen sich bisweilen eher als Versuchskaninchen denn als Agierende in ihrem Beruf. Aus den Elfenbeintürmen der Erziehungswissenschaft und Pädagogik an den Universitäten kommen mit schöner Regelmäßigkeit neue Methoden und Konzepte, mit denen der Erfolg im Unterricht garantiert werden soll. Häufig genug drängt sich dabei allerdings der Eindruck auf, dass diejenigen, die diese Konzepte entwickelt haben, zuletzt vor sehr langer Zeit Schülern oder überhaupt auch nur Kindern in freier Wildbahn begegnet sind. Gerade junge Lehrer, die sich frisch durch Studium und Referendariat gekämpft haben, sind auffallend häufig sehr unkritisch gegenüber den Inhalten der eigenen Ausbildung. Da wird mit großer Begeisterung jedes noch so absurde Methodenexperiment an den hilflosen Schülern ausprobiert, schlicht, weil es neu und modern erscheint. Allerdings ist hier auch die Struktur der Ausbildung selbst ein Grund für diese Absurditäten, da von den Referendaren häufig verlangt wird, eine gelernte Methode konsequent, vor allem in den Prüfungsstunden, durchzuziehen. Für Kritik und Widerstand ist da kein Platz, die Ernüchterung folgt dann häufig erst nach einigen Jahren Berufserfahrung.

- **Gesellschaftliche Rahmenveränderungen:** Gesellschaften wandeln sich. Nicht jeder Wandel jedoch ist einer zum Besseren. Schule als Bestandteil des Systems Gesellschaft spiegelt den Wandel wider. Alle Vorgenannten – Schüler, Lehrer und sonstige Einflussnehmende auf dieses System – tragen dazu bei, wie Schule funktioniert, was sie vermitteln und wie sie dieses bewerkstelligen soll. Darüber hinaus wirkt Schule auch selbst in die Gesellschaft hinein, wenn die in einem zunehmend kaputten System groß gewordenen Jugendlichen in die Studien- und Arbeitswelt treten.

- **Stellenwert von Schule und Bildung in der Gesellschaft:** Welchen Sinn erfüllt Schule in unserer Gesellschaft? Wie definieren wir Bildung und welchen Beitrag kann Schule leisten, um aus den Schülern frei denkende und handelnde Individuen zu machen, die gleichzeitig die sozialen Kompetenzen entwickeln, um in Frieden mit ihren Mitmenschen leben zu können? Um hier eine Antwort zu finden, wird sich ein Kapitel des Buches mit dem Begriff der Freiheit auseinandersetzen, da mir dieses »Bildungsziel« derzeit nicht ausreichend im Fokus zu stehen scheint.

Abgestellt wird dabei in diesem Buch auf die staatliche Regelschule, die für den größten Teil der Schüler und Eltern immer noch das ist, was unter »Schule« verstanden wird und damit die Lebens- und Schulrealität der großen Mehrheit definiert. Natürlich gibt es diverse alternative Ansätze mit Schulen in freier Trägerschaft und mit speziellen pädagogischen Grundierungen. Auch diese gehören zum System Schule, und sie kämpfen zum Teil mit den gleichen Problemen, die hier beschrieben werden. Gleichwohl sind die Rahmenbedingungen dort, ganz wertfrei, in der Regel anders, wodurch auch anders reagiert werden kann. Das staatliche Schulsystem jedoch unterliegt von Flensburg bis Oberammergau, von Görlitz bis Aachen den gleichen Grundproblemen. Diese treten, föderalismusbedingt, in manchen Bundesländern stärker zutage als in anderen, überall jedoch sind sie verantwortlich für den hier diagnostizierten Brand des Systems.

Zugegeben, eine gewissermaßen ganzheitlich-psychosomatische Analyse des Schul- und Bildungssystems ist im Rahmen dieses Buches utopisch. Dennoch soll deutlich werden, dass es keine nachhaltigen Lösungen geben wird, ohne die Wechselwirkungen der einzelnen Bereiche untereinander zu berücksichtigen. Diese Tatsache verkennen sowohl diejenigen, für die eine gute IT-Infrastruktur jedes Problem zu lösen scheint, wie auch die, die ausschließlich in den immer schwieriger werdenden Kindern den Knackpunkt sehen, und auch die, die beklagen, dass klassische Bildung einen immer niedrigeren Stellenwert hat. Das alles spielt eine Rolle als Brandbeschleuniger. Die Probleme einzeln anzugehen, ist jedoch, als wenn man bei einem Hausbrand nur das Wohnzimmer zu löschen versuchte, während rundherum alles weiterbrennt und das Wohnzimmer schließlich mit vernichtet.

WELCHES SIEL HAT SCHULE?

Es ist ein Merkmal der allgemeinen Schulpflicht, dass sich kaum jemand noch Gedanken darüber zu machen scheint, welchem Zweck Schule eigentlich dienen soll. Jeder, der eine Aufgabe angeht, weiß, dass er sich ohne ein erkennbares Ziel seines Tuns verheddern wird, Probleme mit der Motivation bekommt und sich am Ende wünscht, er hätte nie begonnen. Schule hat genau dieses Problem: Sie ist einfach da, jeder muss hin, jeder hat eine Meinung, aber niemand weiß Genaueres. Als Ziel denkt man sich meistens irgendeinen Abschluss, wobei »irgendeinen« seit geraumer Zeit in der Regel Abitur heißt, denn die sozialromantische Fixierung darauf, jedem Schüler den Weg zum Abitur zu garantieren und ihm damit einen erfolgreichen Weg in der Berufswelt zu suggerieren, ist einer der Riesenfehler, die in den zurückliegenden Jahrzehnten begangen wurden. Der deutsche Philosoph und Bildungsexperte Julian Nida-Rümelin hat diesen Effekt vor nicht allzu langer Zeit als »Akademisierungswahn« treffend umschrieben.[5] In diesem Wahn liegt einer der Gründe, warum unsere Gesellschaft generell in Schieflage ist.

Ein (Schul-)Abschluss jedoch, egal wie er sich nennt, kann nie mehr als ein Etappenziel auf dem Weg zu Bildung und Freiheit sein. Was also muss jenseits von auf Papier dokumentierten Abschlüssen das Ziel von Schule sein? Vordergründig könnte man hier auf der Wissensseite grundlegende Dinge wie die Vermittlung von mathematischen Kenntnissen und Rechtschreibung nennen. Außerdem auf der sozialen Seite Dinge wie den Umgang mit anderen Menschen und die Interaktion in sozialen Gruppen.

Auf einer abstrakteren Ebene geht es darum, dass Schule Fähigkeiten vermittelt, mit denen der Mensch zu einem sinnerfüllten Leben kommen kann. Schule ist dabei natürlich nur ein Pfeiler des Systems, zu dem das Elternhaus und soziale Interaktionen außerhalb von Elternhaus und Schule genauso gehören. Schule muss in diesem Sinne Transferwissen und Fähigkeiten vermitteln, mit denen wir in der Lage sind, zwei Dinge sinnvoll zu gestalten. Da ist auf der ganz konkreten Ebene unser Alltag. Mathekenntnisse befähigen mich, mit meinem Geld auszukommen, Kaufangebote durchzurechnen, gute von schlechten Versicherungsangeboten zu unterscheiden oder beruflich neue Wege zu gehen. Eine gute Rechtschreibung befähigt mich, in Bewerbungsschreiben einen guten Eindruck zu hinterlassen und ganz allgemein Verständnisschwierigkeiten in der Kommunikation mit meinen Mitmenschen zu verhindern. Sprachkenntnisse helfen mir sowohl im Urlaub in fremden Ländern als auch in vielen Bereichen beruflicher Kommunikation.

Auf einer höheren Ebene gestalten wir mit diesem Transferwissen und diesen Fähigkeiten aber auch unser Leben im Allgemeinen sinnstiftend. Wir verstehen und lernen, was es bedeutet, soziale Wesen zu sein, dass es notwendig ist, andere Menschen respektvoll zu behandeln, oder dass sich Höflichkeit und Selbstbewusstsein nicht ausschließen müssen.

Das Ziel von Schule sollte also sein, den Menschen im Leben zu verankern, *Non scholae, sed vitae discimus* – »Nicht für die Schule, sondern fürs Leben lernen wir« – nannte man das irgendwann einmal. Wichtig: Diese Verankerung muss ideologiebefreit sein. Aufgabe von Schule ist es entgegen heutiger landläufiger Meinung nicht, Meinung und Haltung zu lehren, sondern Schüler zu befähigen, eine Meinung und eine Haltung zu entwickeln. Dafür brauchen sie neben Faktenwissen vor allem auch Fähigkeiten zur Recherche, on- wie offline, Fähigkeiten, scheinbar unabhängig voneinander existierende Themen miteinander zu verknüpfen, um Zusammenhänge zu erkennen, sowie soziale Kompetenzen: den anderen ausreden lassen, den anderen anhören, die Argumente des anderen vor dem Hintergrund der eigenen Argumentation prüfen. Nicht zuletzt auch: die Meinung des anderen auch dann gelten lassen, wenn die eigene sich nicht mit ihr deckt.

Vielen Lehrern fällt das zunehmend schwerer, der Drang, Schülern eine Haltung zu lehren, anstatt ihnen Wege aufzuzeigen, wie sie eine eigene (!) Haltung entwickeln, scheint übermächtig und verlockend. Aus psychologischer Sicht kommt es hierbei zu deutlichen Projektionsphänomenen: Lehrer sehen in aktivistischen Schülern das, was sie in ihrer eigenen Jugend entweder nicht vermochten oder zumindest nicht zu Ende geführt haben, sie sehen Rebellion, Aufstand, ja, Revolution und lassen sich davon mitreißen, indem sie jede Distanz zwischen Lehrer und Schüler über Bord werfen. Der Zeitgeist mag diese Sorte Lehrer, scheinen sie nach außen doch als besonders engagierte Pädagogen. Tatsächlich sind sie eben das gar nicht mehr, sondern mutieren selbst zu Aktivisten und Pseudorevolutionären, die aus Pädagogik und Lehre Politik machen. Parallele Entwicklungen sind in den letzten Jahren im Journalismus zu beobachten. Nicht umsonst fragte mich schon vor 15 Jahren ein genervter Notar aufgrund mehrerer Nachfragen zu einem Sachverhalt: »Sind Sie Lehrer?«, und bemerkte auf meine Antwort: »Nein, Journalist«: »Das ist ja noch schlimmer …«

Wir berühren hier ein sehr sensibles Thema, das aber viel damit zu tun hat, was Schule leisten kann und soll. Wie politisch soll und darf Schule sein? Natürlich ist es illusorisch anzunehmen, Politik könne außen vor bleiben. Nicht zuletzt ist jeder Schüler ein Zoon politikon im aristotelischen Sinne, ein politisch-gesellschaftliches Wesen also, das sich ständig aufs Neue innerhalb seiner sozialen Systeme verorten muss. Um diese Verortung leisten zu können, muss Schule mit der bereits angesprochenen Befähigung der Schüler zu selbstständigem Denken beitragen. Sie selbst jedoch hat weltanschauliche Neutralität zu gewährleisten.

Um zu sehen, wie diese Neutralität schleichend erodiert, muss man gar nicht bei der Schule anfangen, sondern kann sogar einen Blick auf die vorgelagerte Sphäre der Kitas und Kindergärten werfen: in jenem niedersächsischen Kindergarten zum Beispiel, der sich im Vorfeld einer Landtagswahl vom örtlichen Kandidaten einer großen Partei dazu überreden ließ, ihn in die Einrichtung einzuladen und den Drei- bis Sechsjährigen einen Vortrag über die Ziele seiner Politik zu halten. Offiziell lief das Ganze unter der Überschrift »Demokratieausbildung im Kindergarten«. Tatsächlich war es lediglich eine Wahlkampfveranstaltung der besonderen Art, bei der der »nette Mann von Partei XY« versuchte, im Umfeld einer der wichtigsten Wählergruppen Präsenz zu zeigen. Ziel war nicht, Dreijährigen Demokratie zu erklären, sondern sich bei ihren Eltern zu profilieren. Die Kindergartenleitung sagte den Auftritt des Politikers schließlich kurzfristig ab, nachdem einigen Eltern die Aktion dann doch sauer aufstieß und sie protestierten. Ein Bewusstsein für die Unangemessenheit der Idee war indes nicht zu verspüren. Man war eher beleidigt, hielt man das Ganze doch für große Pädagogik.

Solche Beispiele gibt es viele, auch aus dem schulischen Bereich, und sie zeigen, wie im Bewusstsein der Bevölkerung etwas erodiert. Politik und Entertainment vermischen sich zunehmend, sodass eine kritische Distanz der Wähler zur Politik häufig nicht mehr existiert und Ideologie auch in Bildungseinrichtungen Tür und Tor geöffnet ist.

Das bedeutet natürlich nicht, dass es nicht auch zur politischen Bildung gehören kann, in Schulen Diskussionen mit Politikern zu organisieren. Solche Veranstaltungen gehören aber eben in eine Altersstufe, in der sie sinnvoll sind. Und sie sind nur sinnvoll, wenn vorher kritische Distanz gegenüber allen Inhalten und Personen sowie konstruktives Diskutieren Inhalt des Unterrichtes war. Das wiederum ist nur von Lehrern zu gewährleisten, die ihre eigene politische Überzeugung nicht zum Gegenstand des Unterrichtes machen. Ich erinnere mich an meinen Gemeinschaftskundelehrer, der stets zu sagen pflegte: »Ich selbst ticke in einigen Dingen tiefschwarz und in anderen tiefrot. Daran seht ihr, dass man mit Denken zu den unterschiedlichsten Ergebnissen gelangen kann. Wenn ich euch das vermitteln kann, habe ich meinen Job gut gemacht.« Eine Haltung, die heute vielen Lehrern zu anstrengend erscheint, weil sie auf der Freiheit des Denkens basiert und die Ergebnisse nicht bereits vorwegnimmt. Genau diese Haltung brauchen wir jedoch, um ein wichtiges Ziel von Schule zu erreichen: Die Anleitung zum selbstständigen Denken und zur kritischen Distanz gegenüber dem Denken anderer, vor allem gegenüber dem Denken derer, die Macht besitzen.

LEHRER, SCHÜLER UND ELTERN. TRIUMVIRAT DES GRAUENS UND HOFFNUNG FÜR DIE ZUKUNFD VON SCHULE

Wir schreiben das Jahr 1995, als eine Schülerzeitung im niedersächsischen 14 000-Einwohner-Städtchen Zeven das große Los gezogen hat. Sie bekommen einen richtig prominenten Interviewpartner, Gerhard Schröder, der sozialdemokratische Ministerpräsident ihres Bundeslandes höchstselbst hat sich bereit erklärt, den Schülern Rede und Antwort zu stehen. Und Schröder, bekannt für seine bisweilen derbe und auch leicht cholerische Art, lässt sich nicht lumpen. Man kann sich sein süffisantes Grinsen lebhaft vorstellen, als er seinen jungen Interviewern in kumpelhaftem Ton seine Ansichten über ihre Lehrer mitteilt: »Ihr wisst doch ganz genau, was das für faule Säcke sind …«

Wenig später hat Schröder gleich zwölf Strafanzeigen wegen Beleidigung am Hals, und bundesweit ergießt sich ein Sturm der Entrüstung über den späteren Bundeskanzler, während gleichzeitig so mancher sich bei der Lektüre dieses Satzes in seinen eigenen Ansichten über diesen Berufsstand bestätigt gesehen haben wird.

Die Anzeigen verliefen im Sand, Schröder entschuldigte sich später für seine pauschale Abwertung. Und doch zeigt diese kleine Episode, dass der Beruf des Lehrers offenbar nicht einer von vielen ist, sondern immer schon eine exponierte Stellung eingenommen hat. Gefürchtet, geliebt, gehasst, respektiert: Kaum ein Lehrer ist kaum einem Schüler jemals egal gewesen. Es gibt die, die ihren Schülern schon beim Frühstück den Appetit verderben, weil die Furcht vor ihnen sich im Kopf festgesetzt hat, und es gibt die, die eher Mentor, Vorbild und Lebensberater für einige ihrer Schüler sind als einfach nur Lehrer.

Das Spannende an Lehrern ist ja letztlich: Jeder von uns hatte welche. Spätestens seit Einführung der allgemeinen Schulpflicht im Jahre 1919 in Deutschland kommt niemand durch seine Kinder- und Jugendjahre, ohne sich im Laufe eines Schülerlebens auf die unterschiedlichsten Pauker einzulassen. Die Lehrer unserer Schulzeit beeinflussen somit zu einem nicht unerheblichen Teil, wer wir im Leben werden. Ein guter Lehrer kann nachhaltig positiven Einfluss auf unsere Motivation, unser Wissen, unsere Einstellung zum Leben im Allgemeinen haben, ein schlechter Lehrer hingegen kann die Begeisterung für ein Fach töten, er kann uns schlaflose Nächte bereiten und für die Entwicklung von Ängsten sorgen.

Die Bedeutung des Lehrers für das System Schule kann mithin gar nicht überschätzt werden. Er ist gewissermaßen das Scharnier, das das Ganze zusammenhält, Schnittpunkt zwischen Politik, Eltern und Schülern. Auf Scharnieren jedoch lastet stets Druck, sie müssen immer funktionieren, weil sonst alles ins Stocken gerät. Je schlechter die Scharniere geölt sind und funktionieren, desto mehr quietscht es im System.

Als Quereinsteiger durfte ich die Facetten des Lehrerdaseins im Crashkurs erleben, durfte bei den Kollegen beobachten, wie erfahrene Lehrer mit den gleichen Situationen, Schülern und Anforderungen umgingen, mit denen ich als Neuling konfrontiert war. Und ich durfte erleben, wie weit die Alltagsrealität des Lehrers häufig von dem entfernt ist, was wir als Eltern, Journalisten, Beobachter von außen in diesen Beruf hineininterpretieren.

WAS SOLL UND KANN EIN LEHRER EIGENTLICH LEISTEN? UNT WAS BRAUCHT ER DAFÜR?

»Lehrer haben vormittags recht und nachmittags frei …« Noch so ein Satz, der an Schröders »faule Säcke« erinnert und das Berufsbild des Lehrers so beschreibt, wie es viele von außen erleben. Da ist zum einen der Mythos der Halbtagstätigkeit zum vollen (Beamten-)Gehalt. Abgesehen davon, dass längst nicht alle Lehrer verbeamtet sind. Diejenigen, die auf Angestelltenbasis arbeiten, verdienen für die gleiche Arbeit zum Teil deutlich weniger. Man halte sich vor Augen, dass der normale Vormittag in der Schule, die Arbeit mit den Schülern in der Klasse, nur der sichtbare Teil der Lehrerarbeit ist. Der zweite große Teil dieser Arbeit findet – ganz abgesehen davon, dass gerade in den höheren Klassenstufen auch nachmittags noch ein erhebliches Unterrichtspensum zu absolvieren ist – hinter verschlossenen Türen im heimischen Arbeitszimmer statt und erinnert eher an einen Büro-Fulltime-Job als an pädagogisches Wirken. Da werden Konzepte geschrieben, Klassenarbeiten und andere Aufgaben erstellt und korrigiert, in den letzten Jahren wird zunehmend Dokumentation erledigt. Und dann ist da noch die Sache mit den Eltern. Ich habe Kollegen erlebt, bei denen ich das Gefühl hatte, ihr heimisches Arbeitszimmer gleiche eher einem Callcenter. Jeden Tag wurden Eltern angerufen oder riefen von sich aus an, um Probleme mit den jeweiligen Kindern zu besprechen. Da wurde nachgehorcht, um herauszufinden, ob das merkwürdige Verhalten von Julian oder Mareike vielleicht seine Ursache in familiären Unregelmäßigkeiten hat, da wurde dem Vater von Tim mitgeteilt, dass sein Sohn sich wieder nicht an die erst jüngst vereinbarten Verhaltensregeln gehalten hatte. Und die Mutter von Iris beschwerte sich, dass das Hausaufgabenaufkommen der letzten Woche doch wohl weitaus zu hoch gewesen sei.

Manchmal reicht auch die tägliche Telefonsession nicht aus, und Lehrer machen Hausbesuche, fast wie ein Arzt. Solche Hausbesuche finden auch schon mal zu zweit statt, wenn etwa der Schulpsychologe oder -sozialarbeiter mitkommt. Denn diese Stellen sind über die Jahre an fast allen deutschen Schulen geschaffen worden, weil der Alltag ohne ihre Hilfe kaum noch zu organisieren ist. Die Hausbesuche sind etwa dann sinnvoll, wenn die Eltern bestimmter Schüler gar nicht erreichbar sind, wenn Sprachbarrieren bestehen, die ein sinnvolles Telefonat verhindern, oder die Eltern es aus den unterschiedlichsten Gründen nicht schaffen, in der Schule vorzusprechen.

Darüber hinaus vereinen Lehrer verschiedene Professionen in sich, für die sie niemand ausgebildet hat: Psychologe, Therapeut, Sozialarbeiter, Manager, *drill instructor*, Reiseveranstalter, Ernährungswissenschaftler und spätestens seit der Coronazeit auch Onlinecoach. Kurzum: So richtig frei hat man als Lehrer eigentlich nie, weshalb es für diese Berufsgruppe extrem wichtig ist, Grenzen zur Privatsphäre zu ziehen. Wer rechtzeitig lernt, auf seine eigenen Bedürfnisse zu achten, die Schule einfach mal Schule sein zu lassen, läuft weniger Gefahr, irgendwann aus lauter Frust den Eindruck zu vermitteln, dass ihm die Schüler, seine Schule und alles, was damit zusammenhängt, im Grunde egal sind. Und er läuft weniger Gefahr, krank zu werden.

WENN SCHULE KRANK MACHT – DAS UNTERSCHÄTZTE THEMA LEHRERGESUNDHEIT

Wenn es eines gibt, worauf ich in meinem ganzen Schul- und Berufsleben immer stolz war, dann das: Nie hatte ich krankgefeiert, nie einen kleinen Schnupfen oder sonstige Unpässlichkeiten zum Anlass genommen, meinen Pflichten nicht nachzukommen. Ich fand immer, man müsse hart gegen sich selbst sein, um auch Kollegen gegenüber nicht unfair zu sein.

Doch dann war er da, dieser Tag, an dem dieser mühsam aufrechterhaltene letzte Damm brach. Ich war mit neuem Elan aus den Osterferien zurück an die Schule gekommen, fest entschlossen, meine Unsicherheiten beim Einstieg hinter mir zu lassen und den Kopf oben zu behalten. Doch schon ein paar Tage später fühlte ich mich »gar« – in jeder Hinsicht. Die Lautstärke im Klassenzimmer war unvermindert hoch, das Verhalten zu vieler Schüler jenseits jeglichen akzeptablen Niveaus. Zusätzlich tauchte die Notwendigkeit der Planung für das kommende Schuljahr peu à peu am Horizont auf. Und dann passierte es: Ich nahm mein Handy, schickte dem zuständigen Kollegen eine Nachricht, dass ich heute und morgen nicht zum Unterricht kommen könne, weil ich krank sei. Anschließend besorgte ich mir eine Krankschreibung für zwei Tage.

Nicht dass wir uns falsch verstehen. Was meine körperliche Gesundheit betraf, hätte ich an diesem Tag zur Arbeit gehen können, und trotzdem war diese Pause kein Krankfeiern aus Lust und Laune. Gleichwohl war das etwas, was mir früher nicht im Traum eingefallen wäre, weil ich nie zuvor einen solchen fast körperlichen Schmerz bei dem Gedanken gespürt hatte, einfach nur meinen Job zu machen. Diese zwei Tage dienten einzig und allein meinem Selbstschutz, dessen

Anteil an der Gesunderhaltung allgemein zu gering geschätzt wird. Gleichwohl verspürte ich auch ein schlechtes Gewissen gegenüber Schülern und Kollegen. Ich tat das Gleiche hinterher noch ein weiteres Mal, und heute weiß ich, dass diese kurzen, selbstbestimmten Auszeiten mir geholfen haben, nicht längerfristig krank zu werden. Es musste Druck vom Kessel, sonst wäre es unweigerlich zur Explosion gekommen.

Das Thema Gesundheit in Zusammenhang mit dem Lehrerberuf verdient besondere Beachtung. Untersuchungen zeigen, dass der Anteil der psychischen und psychosomatischen Erkrankungen bei Lehrern erheblich höher ist als in den meisten anderen Berufen. Auch unspezifische, nicht einem bestimmten Krankheitsbild zuzuordnende Gefühle wie Erschöpfung, Müdigkeit, Kopfschmerzen, Antriebslosigkeit, Schlaf- und Konzentrationsstörungen, innere Unruhe, erhöhte Reizbarkeit sowie allgemeine Anspannung sind tägliche Begleiterscheinungen vieler Lehrerleben. Studien weisen darüber hinaus auf eine signifikant erhöhte Häufigkeit von Krankheiten des Nervensystems hin, vor allem die Zahl der Neurosen ist alarmierend.

Burn-out bei Lehrern – die Krankheit, die viele haben und die es gar nich gibt

Als ich meine Klasse zum Halbjahr als Klassenlehrer übernahm, konnte ich nicht wissen, warum meine Vorgängerin nicht mehr an der Schule war. Ich fand es damals unhöflich, direkt nachzufragen. Erst später erfuhr ich, dass ein Burn-out der Grund für ihr Ausscheiden war. Erstaunt war ich darüber zu diesem Zeitpunkt nicht mehr, denn das schien mir eine überaus verständliche Reaktion auf den Dauerdruck und die Arbeitsumstände in diesem Beruf, die ich nun am eigenen Leib erlebte.

Seit in den letzten etwa zehn Jahren endlich verstärkt über psychische Erkrankungen von Menschen gesprochen wird und sich auch eine schwere Erkrankung wie die Depression langsam, aber sicher aus dem Dunkel der Sprachlosigkeit von Betroffenen löst, schwirrt immer wieder auch der Begriff des Burn-outs durch die Debatte, gerade mit Blick auf den Lehrerberuf. Das Problem dabei: Burn-out ist keine offiziell anerkannte Erkrankung nach dem ICD-Index, der letztlich bestimmt, was als Krankheit gilt und was nicht. Nach dem ICD-11, der 2022 in Kraft treten soll, wird Burn-out lediglich als »gesundheitsbeeinflussender Faktor« definiert. Das hat zur Folge, dass das Sprechen über Burn-out nach wie vor bisweilen belächelt und nicht ernst genommen wird, was wiederum dazu führt, dass manche Betroffene Angst haben, sich lächerlich zu machen, und damit lieber weiter auf der Abwärtsspirale in Richtung einer manifesten Depression unterwegs sind.

Angaben über Burn-out-Symptome verbleiben daher im persönlichen Ermessensbereich, anstatt von Ärzten als tatsächlich vorhanden diagnostiziert zu werden. Im Jahr 2015 ging man davon aus, dass etwa vier Prozent der deutschen Bevölkerung pro Jahr einmal an einem Burn-out erkranken, wobei die Häufigkeit bei im Bildungswesen tätigen Menschen erheblich höher war. Diese Zahlen dürften sich bis heute kaum verringert haben, eher ist von einem Anstieg auszugehen.

Unter den verschiedenen typischen Erkrankungen bei Lehrkräften ist der Burn-out vielleicht die typischste und die für das Bildungswesen relevanteste, denn keine andere Symptomatik bei Lehrkräften hat einen so direkten Effekt auf den Lernerfolg der Schüler. Ein Lehrer, der sich mit Burn-out zur Schule schleppt, wird dort sicher nicht zu Höchstform auflaufen können und damit nicht nur sich selbst, sondern auch den Schülern und den Kollegen einen Bärendienst erweisen.

Je nachdem, wie weit der Weg zur Depression bereits beschritten und der Burn-out manifest ist, wirkt sich dieser Zustand auch auf das sichtbare Interesse des Lehrers an seiner Tätigkeit aus. Soll heißen: Obwohl er eigentlich immer ein zugewandter, engagierter und an den Fortschritten seiner Schüler hochinteressierter Lehrer war, kann es sein, dass plötzlich von alledem nur noch wenig zu spüren ist. Die Arbeit erscheint sinnlos, jede kleine Normabweichung der Schüler als persönliche Provokation, die kaum zu bewältigen ist, und nicht zuletzt wächst mit alledem auch die Scham vor den Kollegen, dass man den Job nicht mehr vernünftig auf die Reihe bekommt. Wenn es dann irgendwann vermehrt zu Stundenausfällen kommt, weil die Betroffenen krankgeschrieben sind und aufgrund der an den meisten Schulen dünnen Personaldecke kaum kurzfristig für adäquaten Vertretungsunterricht gesorgt werden kann, zeigt sich klar und deutlich, wie gefährlich die landläufige Geringschätzung des Lehrerberufs ist. Lehrer, die dauerhaft ausfallen, bedeuten für Schüler einen Rückstand in bestimmten Fächern und Themen, der nur schwer wieder aufzuholen ist.

Das sind Tatsachen, über die trotz eines verbesserten Bewusstseins für Depressionen und psychische Belastungen in der Gesellschaft immer noch zu wenig gesprochen wird. Hier wäre beispielsweise ein Ansatzpunkt für Präventionsprogramme von Krankenkassen, wo sich diese Thematik stärker wiederfinden müsste, zumal sie zwar sehr stark, aber natürlich nicht ausschließlich den Lehrerberuf betrifft. Daneben wäre es wünschenswert, wenn die Selbstfürsorge von Lehrern schon im Rahmen der Ausbildung einen Themenschwerpunkt bilden würde. Auch, oder sollte ich sagen: gerade, als junger begeisterter Lehrer ist es sinnvoll, frühzeitig ein Gespür für die eigenen Bedürfnisse und Grenzen zu entwickeln.

Die Gründe für gesundheitliche Überlastung von Lehrern sind vielfältig, unabhängig davon, welche körperlichen oder psychischen Beschwerden letztlich konkret auftreten. Fragt man die Lehrkräfte selbst, treten einige Punkte immer wieder auf und sind somit Stellschrauben, an denen Schulbehörden, Schulen selbst, aber auch die Bildungspolitik drehen können, um die Situation von Lehrern zu verbessern:

- **Zeitdruck:** Immer mehr pädagogische und administrative Aufgaben, die nicht zuletzt auch die Zeit, die auf den einzelnen Schüler verwendet werden kann, minimieren, belasten den wöchentlichen Arbeitsaufwand von Lehrern. Dieser Umstand korreliert mit dem Thema Arbeitszeit: Jeder Lehrer hat eine festgelegte Stundenzahl, die er unterrichtet, und darüber hinaus eine tariflich festgelegte Wochenarbeitszeit, so wie die meisten Beamten und Arbeitnehmer. Die tatsächliche Arbeitszeit jedoch liegt bei vielen Lehrkräften aufgrund des immer höheren Arbeitsaufwandes erheblich höher. Eine 50-Stunden-Woche bei normalen Lehrern und entsprechend mehr bei Führungskräften ist keine Seltenheit, ohne dass sich das spürbar in Bezahlung oder Freizeit niederschlagen würde.

- **Lärm:** Ein gern unterschätztes Thema. Lärm ist einer der größten Krankmacher überhaupt. Wer das Gefühl hat, vor einer übermäßigen Dauerbeschallung nicht an einen ruhigeren Ort flüchten zu können, fühlt sich mit der Zeit wie unter einer Psychofolter, die mittelfristig das stärkste Gemüt zermürbt. Das Thema Lärm hat dabei verschiedene Aspekte. Zum einen spielen bauliche Themen hier mit rein, Klassenzimmer stammen häufig aus Zeiten, in denen über dieses Thema noch niemand nachgedacht hat, und sind somit unter akustischen Gesichtspunkten eine Katastrophe. Zum anderen hat das gern heruntergespielte Thema Schülerverhalten hier einen erheblichen Einfluss. Unterrichtsstunden, in denen es nie auch nur fünf Minuten am Stück mal komplett ruhig im Klassenraum ist, sind keine Seltenheit, und auch unterschwelliges Murmeln und Flüstern kann »Lärm« sein, wenn es wiederholt den Unterrichtsablauf stört.

- **Klassenstärken:** Ein Dauerthema, das nicht richtig in den Griff zu bekommen ist, auf Unterrichtsqualität und Lehrergesundheit aber großen Einfluss hat. Mehr dazu im weiteren Verlauf des Buches.

- **Veränderungen aufseiten der Schüler:** Ein Handwerker ist immer nur so gut wie sein Werkstoff. Natürlich gibt es Pädagogen, die selbst aus scheinbar hoffnungslosen Fällen noch das Optimum rauskitzeln, und andere, die mit den lernwilligsten und besten Schülern nicht zurechtkommen. Doch wird kaum ein Lehrer ernsthaft verneinen, dass die Anzahl der schwierigen Schüler erheblich zugenommen hat und auch noch weiter zunimmt. Die Gründe dafür beleuchte ich an anderer Stelle näher. Hier geht es vor allem darum, dass dieser Umstand wesentlich zu den hohen Burn-out-Raten im Lehrerberuf beiträgt. Erschwerend kommt hinzu, dass dieser Grund für eine gesunkene Lehrergesundheit oft nur verschämt hinter vorgehaltener Hand genannt wird. Welcher Lehrer will sich schon vorwerfen lassen, er sei doch einfach nur nicht in der Lage, mit den Schülern klarzukommen, und habe womöglich seinen Beruf verfehlt? Außerdem ist der Ärger mit den Eltern häufig nicht weit, sobald auch nur die leiseste Kritik am Schülerverhalten geübt wird. Auch darüber wird an gesonderter Stelle zu sprechen sein.

Alle auf einem Haufen – oder: warum Klassengrößen ein underschätztes Thema sind

Es gibt viele Dinge, an denen ein Lehrer selbst arbeiten und Verbesserungen erreichen kann. Anderen Umständen seiner Arbeit jedoch ist er mehr oder weniger hilflos ausgeliefert und wird zum reinen Mangelverwalter degradiert. Dazu gehört das zwar immer mal wieder diskutierte, aber trotzdem gern unterschätzte oder gar ignorierte Thema »Klassengröße«.

Aus meiner eigenen Erfahrung kann ich sagen, dass eine Hauptschulklasse mit 30 Pubertierenden ein Gefühl erzeugt, wie wenn bei Harry Potter eine Figur von den Dementoren ausgesaugt wird. Bei 30 Schülern sind immer mindestens vier oder fünf dabei, die vorsätzlich den Unterricht stören, entweder aus Langeweile und Desinteresse am Unterrichtsstoff oder um sich vor dem Rest der Klasse zu produzieren und zu zeigen, dass die Machtprobe mit dem Lehrer locker zu gewinnen ist. Das führt dazu, dass eine ständige Unruhe im Klassenraum herrscht, die konzentriertes Arbeiten über einen längeren Zeitraum fast unmöglich macht. Als Lehrer tun einem in diesem Moment besonders diejenigen Schüler leid, die sehr wohl motiviert und aufnahmebereit sind und gern arbeiten würden. Es ist schwierig, diesen Schülern wirklich gerecht zu werden, da extrem viel Energie von den Störern absorbiert wird.

So erinnere ich mich an Manuel aus der 8a, der mehr als einmal zu mir kam und mich fast anflehte, bestimmte Mitschüler für ihre Störaktionen hart zu bestrafen oder einfach aus dem Unterricht zu entfernen: »Weil ich bei dem Lärmpegel einfach nicht richtig lernen und mich konzentrieren kann!« Bei Manuel führte das so weit, dass er bisweilen auch gegenüber den üblichen Verdächtigen in der Klasse aggressiv auftrat, was letztlich nur eine weitere Baustelle öffnete. Verstehen konnte ich ihn trotzdem irgendwie, und nichts tat mir mehr leid als die Tatsache, dass ich ihm kaum helfen konnte.

Klassenstärken sollten idealerweise zwischen 15 und maximal 20 Schülern pro Klasse liegen, damit produktives Arbeiten möglich ist und die Klasse durch den Lehrer steuerbar bleibt. Den Schulleitungen kommen hier häufig die Vorgaben durch die Schulbehörden in die Quere, die eine sinnvolle Aufteilung von Klassen erschweren. So kommen immer wieder Klassenstärken von mehr als 25 Schülern zustande und machen guten Unterricht zum Glücksspiel.

Übrigens ist das beileibe kein neues Thema, auch in der Vergangenheit waren zu große Klassen schon ein Problem, allerdings befeuern andere Aspekte wie das negativ veränderte Schülerverhalten das Thema noch. Ganz einfach: 30 motivierte, ruhige, leistungswillige- und fähige Schüler in einer Klasse ließen sich handhaben, wenngleich auch dann nicht jeder die notwendige Aufmerksamkeit bekommen würde. Doch mit jedem der 30, der in irgendeiner Weise aus der Rolle fällt, kippt das Ganze weiter. Fünf Störer reichen aus, um die Atmosphäre dauerhaft zu vergiften, zehn machen die Klasse quasi unsteuerbar.

Dass dieser Umstand seit vielen Jahren zwar hinreichend bekannt ist, aber nie zu echten Konsequenzen geführt hat, ist ein echter Skandal. Haben wir es doch hier mit einer Stellschraube zu tun, die wirklich extreme Auswirkungen auf den Lernerfolg der Schüler hat und an der im Vergleich zu anderen Veränderungen relativ leicht zu drehen wäre.

Der Grund dafür, dass diese Schraube nicht gedreht wird, dürfte vor allem im Bereich der Bildungsökonomie liegen. Kleinere Klassen bedeuten bei gleicher Gesamtschülerzahl laut Adam Riese einen proportional höheren Bedarf an Lehrkräften, was wiederum Kosten erzeugt, die die Bildungsökonomen der Länder gern vermeiden würden. Hier tappen die Verantwortlichen in eine klassische Falle: Wer am falschen Ende spart, mag kurzfristig das Budget entlasten, langfristig erzeugt er jedoch Kosten, einerseits im engeren Bereich der einzelnen Schule oder des Bundeslands, andererseits aber vor allem auch im gesamtgesellschaftlichen Sinn. Denn mangelhaftere Ausbildung, wie sie durch zu große Klassen zwangsläufig entsteht, sorgt langfristig für schlechter qualifizierte Arbeitskräfte und entsprechend geringere Wertschöpfung im Arbeitsprozess. Wer das Fundament nicht wertschätzt, kann darauf eben kein stabiles Hochhaus bauen, sondern muss mit windschiefen und einsturzgefährdeten Bretterbuden vorliebnehmen. Natürlich können wir die zusätzlichen Lehrer, die hier benötigt würden, nicht im Handumdrehen herbeizaubern. Hier brauchen wir gleichzeitig ein generelles Umdenken im Bereich der Ausbildung und der Erhöhung der Attraktivität des Lehrerberufs. Auch hier spielen eine große Anzahl von Faktoren eine Rolle, und erst aus deren Zusammenspiel kann eine gute Lösung im großen Stil entstehen.

Diverse Studien kommen zu dem Ergebnis, dass Klassengrößen keine entscheidende Rolle für die Qualität von Schulbildung spielen. Diese ignorieren häufig die Realität und das Zusammenwirken verschiedener Faktoren. Sie gehen in der Regel von einem lautstärketechnischen Idealzustand im Klassenraum aus: also von 30 Schülern, die ruhig und aufmerksam dem Unterricht folgen. Eine solche Klasse gibt es nicht. Gerade die Frage des Geräuschpegels im Klassenraum ist ein entscheidendes Kriterium bei der Forderung nach deutlich kleineren Klassen. Weniger Schüler würden auch nicht so eng beieinandersitzen und sich in der Folge gegenseitig weniger ablenken. Außerdem verschafft eine lockere Verteilung der Schüler im Raum der Lehrkraft die Möglichkeit, die Sitzordnung im Falle dauerhafter Unterrichtsstörung zu ändern.

Allerdings: Ein Klassenzimmer ist im Normalfall schlicht nicht groß genug, um bei einer Besetzung von etwa 30 Schülern einen Schüler aus disziplinarischen Gründen an einen Einzeltisch zu setzen, in räumlicher Entfernung zu jedem, dem er Dinge wegnehmen oder mit dem er entspannt eine Runde während des Unterrichtes quatschen könnte.

Wenn es noch eines Beweises für die hier angeführten Dinge bedurft hätte, dann haben ihn übrigens die unterschiedlichen Schulszenarien während der Coronakrise geliefert. Hier wurde nach Szenario A (volle Klassenstärke), B (halbe Klassenstärke, wechselweiser Präsenz- und Distanzunterricht) sowie C (kompletter Distanzunterricht) unterschieden. Ich habe keine einzige Lehrer- oder Schülerstimme gehört, die hinsichtlich der Klassenstärke nicht Szenario B klar bevorzugt hätte. Auch meine eigenen Kinder berichteten von einer erheblich entspannteren Unterrichtsatmosphäre bei halber Besetzung. Es wäre zu wünschen, dass aus dieser Erfahrung gelernt wird und die Erkenntnisse auf zukünftige volle Klassenstärken Anwendung finden. Es wäre ein Gewinn, sowohl für die Bildungschancen der Schüler als auch für die Lehrergesundheit.

ZIFFER ~~ODA~~ ODER TEXT? DAUERBRENNER NOTENGEBUNG

»Eine Teilnote bei den Klausuren in Deutsch musst du natürlich für die Rechtschreibleistung vergeben.« Als dieser Satz einer Kollegin fiel, stand ich noch vor der Konzeption meiner ersten Klausur, und der Hinweis schien mir sehr freundlich, aber im Grunde überflüssig. Klar, eine einigermaßen brauchbare Rechtschreibung ist schließlich Grundvoraussetzung dafür, dass die Schüler lernen, schriftlich zu kommunizieren. Also muss sie im Rahmen einer Klassenarbeit auch benotet werden – umso mehr, da das klassische Diktat heute ab einer bestimmten Altersstufe weitgehend verpönt ist.

Einige Zeit später war es so weit. Ich schleppte einen ganzen Stapel von Klausuren über Fontanes »Ribbeck auf Ribbeck im Havelland« nach Hause und freute mich darauf zu sehen, was meine Schüler aus dem Unterricht über Reimstruktur und den Inhalt von Balladen mitgenommen hatten und was sie zum bekanntesten aller Birnbäume der deutschen Literatur zu sagen hatten.

Nach dem ersten Durchgang war ich von einigen Klausuren inhaltlich durchaus positiv überrascht. Gute Ideen zu den freien Aufgaben gab es da, und die Fantasie, mit der einige Schüler den Brief an den jungen Herrn Ribbeck verfasst hatten, der Bestandteil der letzten Aufgabe war, beeindruckte mich. Indes: Dieser erste Durchgang verursachte mir auch sofort Bauchschmerzen. Da war schließlich dieses Ding mit den Rechtschreibnoten. Mir war sofort klar: Wenn ich hier auch nur einigermaßen sinnvoll und gerecht benoten wollte, würden unter dem Strich ein Haufen Fünfer und Sechser für diesen Teil stehen und sämtliche Noten der Klausur in den Abgrund ziehen. So etwas wie brauchbare Rechtschreibkenntnisse waren bis auf wenige Ausnahmen nur zu erahnen, der größte Teil der Schüler schien in den ersten Grundschuljahren, in denen die Basis für diese Kenntnisse gelegt werden müsste, zumindest geistig nicht anwesend gewesen zu sein. Mit dieser Vermutung korrespondierte übrigens ein paar Tage später aufs Schönste die entwaffnend offene Antwort einer Schülerin auf meine verzweifelte Frage, was sie denn in den vier Jahren Grundschule eigentlich gelernt hätten: »Nichts, Herr Tergast!«

Zumindest in Bezug auf Rechtschreibung musste ich ihr da recht geben. Denn hier tat sich eine einzige Katastrophe auf, und ich wusste von Kollegen, auch an anderen Schulen, dass ich mit diesem Eindruck keineswegs allein war. Also tat ich bei der Bewertung der Klausuren etwas, von dem ich vorher bereits gehört, mir aber geschworen hatte, es selbst nicht zu tun. Ich zog den Anteil der Rechtschreibung an der Gesamtnote so weit nach unten, dass er kaum noch Einfluss auf diese haben konnte, und rettete meinen Notenspiegel. Bei der Nachbesprechung der Klausur und meinen Anmerkungen zum Rechtschreibniveau fiel dann übrigens auch der erwähnte Satz meiner Schülerin.

Es war das erste Mal, dass meine grundsätzliche Überzeugung von der Sinnhaftigkeit des klassischen Notensystems von 1 bis 6 aufs Heftigste mit der Realität der Fähigkeiten meiner Schüler kollidierte. Und es sollte nicht das letzte Mal sein.

Diese Sinnhaftigkeit ist ein Dauerbrenner in der Diskussion über Schule. Bisher ist es noch überwiegend üblich, im Rahmen dieses Systems zu benoten, mit der Ausdifferenzierung des Punktesystems von 0 bis 15 in den Abiturjahrgängen. Auf der anderen Seite gibt es seit vielen Jahren Schulen, vor allem aus dem reformpädagogischen Bereich, an denen alternative Bewertungsschemata ausprobiert werden. Schon in den 80er-Jahren des letzten Jahrhunderts gaben auch verschiedene

Gesamtschulen bis in höhere Klassen der Mittelstufe beispielsweise sogenannte Lernentwicklungsberichte (LEB) an die Schüler aus.

Hintergrund solcher Bestrebungen ist immer der Gedanke, das Notensystem sei nicht aussagekräftig genug und damit ungerecht. Was kann eine nackte Zahl schon über einen Menschen aussagen, so die Frage. Die Vorteile liegen demgegenüber genauso klar auf der Hand. Grundsätzlich verleihen Ziffernnoten dem ganzen System Vergleichbarkeit über alle Schüler hinweg. Mit einer Zwei in Mathe hat eben derjenige offenbar objektiv eine bessere Leistung erbracht als jener mit einer Vier.

Wie weit es mit dieser Objektivität her ist, dürfte jedem klar sein, der in seiner eigenen Schulzeit oder bei seinen Kindern vielfältige Aufgeregtheiten über »ungerechte« Noten erlebt hat. Gleichwohl taugt das Argument der Objektivität oder Subjektivität nur bedingt, denn es dürfte klar sein, dass schriftliche Leistungsbewertungen genauso abhängig vom subjektiven Eindruck des jeweiligen Lehrers sind wie Ziffernnoten. Auch die Ansicht, schriftliche Bewertungen bildeten die einzelnen Leistungsstände der Schüler genauer ab, ist nur in der Theorie ein Vorteil. In der Praxis passiert genau das, was wir in der Arbeitswelt seit Langem bei Arbeitszeugnissen sehen: Es etablieren sich Textbausteine, die in unterschiedlichen Kombinationen immer wieder verwendet werden und letztlich wenig über die tatsächliche Beurteilung durch den Lehrer aussagen. Dass das schon immer so war, zeigt mir ein Blick auf meine eigenen Zeugnisse der ersten beiden Grundschulklassen Ende der 1970er-Jahre: Die da festgehaltenen Beschreibungen meines Leistungsstandes waren erkennbar wiederverwendete Textbausteine mit den immer gleichen Formulierungen. Eine tatsächlich individuellere Beurteilung als durch Ziffern ist nicht erkennbar.

Zusätzlich entwickelt sich schnell eine eigene »Bewertungssprache«, die verklausuliert mit freundlichen Worten weniger freundliche Bewertungen ausspricht. Denn schriftliche Bewertungen bieten nicht zuletzt auch mehr Angriffspunkte für den wachsenden Anteil von Eltern, der bereit ist, für eine gute Benotung des eigenen Nachwuchses auch juristische Mittel einzusetzen. Also liegen Bestrebungen nahe, eine eher mittelmäßige Bewertung durch schöne Worte aufzuhübschen, um allen Auseinandersetzungen aus dem Weg zu gehen. Das würde in der Konsequenz dazu führen, dass Schüler noch weniger Gefühl dafür bekommen, wo tatsächlich die Leistungsdefizite liegen, an denen sie arbeiten sollten. Obwohl die schriftlichen Bewertungen doch eigentlich genau dafür sorgen sollten, dass der Leistungsstand exakter abgebildet wird.

Ziffernnoten haben ihre Schwächen. Das lässt sich nicht leugnen. Jeder Schüler ist darauf angewiesen, dass der Lehrer ein einigermaßen gerechtes System entwickelt hat, um die jeweilige Note zu ermitteln. Wie dieses System aussieht, ist für Schüler und auch Eltern häufig kaum nachvollziehbar, sodass viel Vertrauen in die Arbeit des Lehrers notwendig ist.

Ein Aspekt, der in der Diskussion zu kurz kommt, ist die Frage, inwiefern die Schule Verantwortung für den Lebensweg der Schüler übernehmen oder ablehnen soll und will. Klar ist, dass mit der ständigen Bewertung, gerade durch Ziffernnoten, eine erhebliche Verantwortung vorhanden ist. Schule und ihre Bewertungen können Wege ebnen, aber eben auch von vornherein ausschließen oder zumindest erheblich erschweren. Die radikalste Idee wäre, die Schule aus dieser Verantwortung komplett zu entlassen. Diese Gedankenexperimente gibt es:

> »Aber machen wir doch mal das Gedankenexperiment, wir würden das Berechtigungswesen für die weiteren Bildungsetappen völlig von Noten unabhängig machen – was würde

dann passieren? Wir sehen es in manchen Ländern ja schon, unter der Oberfläche auch in Deutschland. Dann würden die Abnehmersysteme von schulischer Bildung wie Ausbildungsbetriebe und Universitäten selbst festlegen, wen sie nach welchem Mechanismus auswählen. Die wichtigen Funktionen, die Noten derzeit erfüllen, nämlich Platzierungen und Selektionen, die würden dann an die Abnehmersysteme delegiert. Das könnte zur Folge haben, dass sich Schulen plötzlich in einem ganz anderen Wettbewerb sähen, weil sie nicht mehr sagen: Wir sind diejenigen, die die Berechtigung verteilen können, sondern wir stellen nur noch sozusagen die Lernwege, das Material zur Verfügung, damit die Abnehmer am Ende sagen: Ja, das reicht uns, oder das reicht uns nicht.«[6]

Man erkennt an diesen Ausführungen eines Professors an einer deutschen Hochschule recht gut, dass im Wettrennen um die besten Bildungsideen offenbar kein Gedanke absurd genug ist. Propagiert wird die totale Abkehr vom Leistungsprinzip und damit auch vom Gedanken des Forderns und Förderns. Hier haben wir eine Art Bildungssozialismus, der Eltern und Schülern so etwas wie ein Schulwunderland verspricht, in dem die gebratenen Bildungserfolge vom Himmel fallen, weil niemand mehr den Druck hat, beweisen zu müssen, dass er tatsächlich etwas gelernt hat. Man kann sich die Begeisterung bei Ausbildern und Firmeninhabern als auch an den Universitäten förmlich vorstellen, wenn Bewerber auf sie zuströmen, deren einzige Zugangsvoraussetzung ihr eigenes Gefühl ist, dass sie für den entsprechenden Job oder das Studium schon geeignet sein werden, weil sie in der Schule ja immerhin mal irgendwas in der Richtung gemacht haben.

Wenn man sich die heutige Bewertungspraxis anschaut und mit den Durchschnittsnoten des bundesweiten Abiturs in Beziehung setzt, sieht man, wohin die Reise geht. Weil Noten nicht einfach von heute auf morgen abgeschafft werden können, um ein System wie das eben beschriebene zu etablieren, hat man sich entschlossen, das vorhandene System weitgehend zu entwerten, indem gute Noten immer häufiger auf dem Silbertablett serviert werden. So hob das Kultusministerium in Mecklenburg-Vorpommern die Mathenoten sämtlicher Klausuren im Abitur 2021 einfach per Erlass um zwei Punkte an.[7] Die schwurbeligen Begründungen für diesen Schritt reichten von Corona bis zu neuen Vorgaben bei der Aufgabenstellung und vorgeblich schwierigeren Aufgaben als in den Vorjahren. »Mehrere Rahmenbedingungen« hätten zusammengewirkt, so das Ministerium, und: »Die Schüler sollen durch das Zusammenwirken dieser Umstände keine Nachteile erfahren.« Wer glaubt, es handle sich bei diesem Vorgehen um einen der berüchtigten Einzelfälle, die immer dann als solche beschrieben werden, wenn man eine Entwicklung nicht wahrhaben möchte, muss nicht lange suchen, um das Gegenteil zu beweisen. Zum Beispiel findet man schnell eine Entscheidung in Bremen aus dem Jahr 2020. Es geht um das Matheabitur, bei dem auch hier eine generelle Anhebung um zwei Notenpunkte erfolgte, nachdem Proteste gegen die ursprüngliche Bewertung laut geworden waren.[8] Eine schnelle Internetrecherche fördert weitere Fälle zutage:

> »Schon vor Jahren hatte der rheinland-pfälzische Landeselternbeirat ›Ziffernoten‹ als ›Körperverletzung‹ verurteilt. Die alljährlich veranstalteten ›Vergleichsarbeiten‹ sind anonymisiert, sodass man nicht vergleichen kann und soll, wie ein Schüler im Leistungsvergleich abschneidet. […] Noch sind die Schulnoten nicht abgeschafft. Doch der schleichende Systemwechsel zur nivellierenden Einheitsschule, in der jede Leistungsdifferenz verschleiert werden

soll, geht auch durch die Hintertür. Inzwischen sind Gefälligkeitsabiture zum Beweis für erfolgreiches ›Qualitätsmanagement‹ avanciert.«[9]

Wie verhasst die Notengebung in bestimmten bildungspolitischen Gefilden ist, zeigt das Beispiel Baden-Württemberg, wo die grün-rote Landesregierung sich nicht die Zeit nehmen wollte, in einem langwierigen Verfahren das Schulgesetz zu ändern, sondern einfach einen »Schulversuch« mit dem vielsagenden Titel »Grundschule ohne Noten« etablierte, bei dem zehn ausgesuchte Grundschulen die Möglichkeit erhielten, auf Ziffernnoten zu verzichten und sich völlig frei zu entscheiden, wie sie ihre Schüler bewerten wollten. Das Pikante an diesem Experiment: Es fehlte jede wissenschaftliche Begleitung, es gab keine Kontrollgruppen, um die Ergebnisse des Versuches zu bewerten, man ließ die Sache einfach laufen. Daran kann man gut erkennen, dass es nicht um die seriöse Evaluierung neuer Methoden ging, sondern nur darum, Ideologie durchzusetzen.

Als die neue CDU-Kultusministerin das Experiment nach fünf Jahren sang- und klanglos beendete, waren im Grund alle Beteiligten unzufrieden. Die Befürworter notenfreier Bewertungen konnten behaupten, erfolgreich gewesen zu sein und nun Opfer konservativer Schulpolitik geworden zu sein. Die Gegenseite konstatierte, es seien Jahre der Schulentwicklung mit einem halbgaren Experiment verschwendet worden. Ob man in Stuttgart und anderswo aus dieser Farce gelernt hat, darf indes bezweifelt werden.

Meldungen wie die beschriebenen Klausuraufwertungen in den Abiprüfungen häufen sich in den Medien, zeigen dabei aber immer nur die auffälligsten Ereignisse. Unter der Oberfläche ergeben Gespräche mit Lehrern, dass die immer weitere Absenkung des Leistungsniveaus in den Schulen, um noch auf einigermaßen akzeptable Notenschnitte zu kommen, mittlerweile gang und gäbe ist. Dafür gibt es neben der Ideologie auch ganz handfeste praktische Gründe. Eine Klausur, deren Notenschnitt dazu führt, dass sie noch einmal geschrieben werden muss, erzeugt zusätzliche Arbeit. Es muss eine neue Klausur konzipiert und ein neuer Termin gefunden werden. Gespräche zwischen Schulleitung und Lehrer sind notwendig. Unmut in der Elternschaft und Unruhe in der Klasse kommen noch dazu. Alles in allem eine Situation, die man als Lehrer mit chronischem Zeitmangel lieber vermeiden möchte. Auch dieser Umstand führt bisweilen dazu, dass Klausuren entweder von vornherein so konzipiert sind, dass der größte Teil der Klasse sie auf jeden Fall schaffen kann oder dass bei der Bewertung ein derart großzügiger Maßstab angelegt wird, dass ein Ergebnis »unter dem Strich« für die Schüler fast nur mit totaler Arbeitsverweigerung zu schaffen wäre.

Genau diese Entwicklung lässt Schulnoten sinnlos erscheinen, während sie im Grunde als objektives Bewertungstool von Schülerleistungen durchaus taugen. Dieser letzte Punkt wird ebenfalls gern ignoriert: Ziffernnoten bewerten Leistungen, während blumige schriftliche Beurteilungen immer einen erheblichen Anteil Persönlichkeitsbewertungen enthalten. Damit ist die Gefahr, dass im Zuge solcher Beurteilungen unnötige persönliche Verletzungen entstehen, durchaus gegeben. Es sei noch einmal an die Parallele zu Arbeitszeugnissen erinnert. Auch hier sind die Textbausteine, die sich über die Jahre entwickelt haben und deren exakte Bedeutung jeder Personalbearbeiter genau kennt, dazu geeignet, den Bewerber unterschwellig persönlich abzuwerten. Das berüchtigte »Er war stets bemüht« ist etwa längst auch in der Alltagssprache zu einer Chiffre für Menschen geworden, die sich zwar Mühe geben, aber im Grunde einfach unfähig sind, wirklich was auf die Reihe zu bekommen.

Es soll hier gar kein Loblied auf die »gute alte« Notengebung gesungen werden. Niemand lässt sich gern von außen bewerten und die Leistungen eines größeren Zeitraums am Ende auf eine karge simple Ziffer reduziert sehen. Man könnte also überlegen, ob das fünfzehnteilige Punktesystem, das im Abitur bereits zur Anwendung kommt, nicht auch für die Primar- und Sekundarstufe an allen Schulformen sinnvoll sein könnte. Es bietet eine etwas größere Binnendifferenzierung und damit auch mehr Klarheit über die Tendenz der Note. Klingt eine »Drei« letztlich nur nach »Ist schon irgendwie in Ordnung«, so zeigt die Aufteilung in sieben, acht oder neun Punkte doch etwas besser, wohin die Reise gerade geht.

Viel wichtiger jedoch, als weiterhin über die Form der Leistungsbewertung zu streiten, ist auch bei diesem Thema die Begleitung durch den notengebenden Lehrer. Zu häufig scheinen Noten einfach irgendwie vom Himmel zu fallen, und Schüler bekommen selbst auf Nachfrage nur unzureichende Erklärungen, wie der Lehrer zur Note kam. Es geht dabei nicht um einen Rechtfertigungszwang des Pädagogen gegenüber dem Schüler. Am Ende verbleibt die Entscheidungsbefugnis selbstverständlich immer auf der Seite des Lehrers. Die Notengebung bietet die Möglichkeit, die Beziehung zwischen Lehrer und Schüler weiter zu festigen und zu verbessern, und zwar indem der Lehrer mit dem Schüler darüber spricht und seine Bewertung nachvollziehbar begründet. Dadurch fühlen Schüler sich wahrgenommen und erfahren Wertschätzung. Die standardisierte schriftliche Bewertung, um eine Ziffernote zu vermeiden, würde auf diese Weise in ein individuelles Gespräch transformiert, das die Beziehungsebene stärkt. Es würde den Schülern darüber hinaus Gelegenheit bieten, die Argumentation im Zwiegespräch zu üben und damit auch für ähnliche Situationen im späteren Berufsleben besser gerüstet zu sein.

SCHÜLERVERHALTEN – WEIL NICHT SEIN KANN, ~~WAß~~ NICHT SEIN DARF

Kawumm! Es ist kurz vor zwölf Uhr, und im Klassenraum der 8a ist schon wieder High Noon. Linus ist offenbar mein Unterricht nicht spannend genug. Spannender ist auf jeden Fall die 1,5-Liter-Flasche Wasser, die schon seit Unterrichtsbeginn neben seinem Stuhl steht. Dort steht sie allerdings auch nur, weil ich ihn aufgefordert habe, sie vom Tisch zu nehmen. Nun hat er sie in einer mehr oder weniger eleganten Bewegung von ihrem Platz genommen und mit Schmackes an die Decke des Raumes geworfen, von wo sie mit lautem Knall wieder mitten auf seinen Tisch fällt. Sollte der Plan gewesen sein, auf diese Weise seine Materialien und die seines breit grinsenden Nebenmannes zu fluten, so ist dieser allerdings nicht aufgegangen. Die Flasche hat gehalten. Bevor Linus zu einem zweiten Versuch ansetzen kann, schnappe ich mir sowohl Flasche als auch Schüler und fordere ihn auf, sofort mit mir zur Schulleitung zu kommen, damit wir diese und andere Aktionen dort thematisieren können.

»Och nöööö!« Linus ist erkennbar genervt und gleichzeitig überrascht. Mit dieser Reaktion hatte er offenbar nicht gerechnet, was für mich auch ein Beweis ist, wie weit die Schüler ihre Disziplinlosigkeiten glauben treiben zu können. Da ich »Och nöö« für ein zu schwaches Argument halte, machen wir uns auf den Weg zum Direktorenbüro, wo Linus das bekommt, was man landläufig einen »Einlauf« nennt. Noch während wir auf dem Rückweg zum Klassenzimmer sind, spüre ich allerdings, wie die Wirkung des soeben Gehörten bei ihm nachlässt. Als wir den Raum betreten, hat er bereits wieder ein selbstzufriedenes breites Grinsen im Gesicht, und ich mache mir keine Illusionen, dass meine

Intervention und die Worte von »oben« irgendetwas bewirkt haben. Eher scheint Linus sich jetzt für eine Weile als Revoluzzer der Klasse zu fühlen. Die Einsicht, dass seine Aktion auch den Mitschülern geschadet hat, setzt sich nicht für eine Sekunde durch. So bleibt mir nur, die Flasche vorsichtshalber bis zum Ende der Stunde einzukassieren und meine Sammlung der Frustrationen um eine weitere zu bereichern.

Seine Linusse kennt jeder Lehrer, und über die Jahre haben sie viele Brüder und Schwestern bekommen. Indes: Wer über Schule und Bildung diskutiert, befindet sich immer auf sehr emotionalem Terrain. Da jeder zur Schule gegangen ist, viele Menschen eigene Kinder auf der Schule haben und mindestens genauso viele Menschen irgendeinen Lehrer kennen, der von seinem Job erzählt, hat die große Mehrheit der Bevölkerung eine dezidierte Meinung zum Thema. Am höchsten jedoch schlagen die Wellen regelmäßig, wenn es um die Schüler als solche geht.

Schüler meint immer auch Kinder, und das macht es doppelt schwierig, sich bei Diskussionen zum Thema nicht zu stark von Emotionen leiten zu lassen. Über Kinder wird in der Regel leidenschaftlich und oft mit vorgefertigten Meinungen gesprochen. Da gibt es eine starke Fraktion, die niemals auch nur ansatzweise etwas Negatives über Kinder sagen würde, mit dem einzigen »Argument«, dass es sich eben um Kinder handle. Am anderen Ende gibt es die Fraktion, die grundsätzlich von Kindern genervt ist und sie ausschließlich für eine Belastung hält.

Tatsächlich bewegen wir uns mit den tatsächlichen Gegebenheiten irgendwo zwischen diesen Polen, und so ist es für dieses Buch, das sich mit den Brandherden im System Schule befasst, unerlässlich, den Systembestandteil »Schüler« in dieser Hinsicht zu betrachten. Dazu hatte ich in meiner

Zeit als Lehrer ausreichend Gelegenheit und will an dieser Stelle exemplarisch Julian beschreiben.

Julian

Ein schöner Freitag im Frühjahr, ich erlebe meinen ersten Elternsprechtag als Lehrer und empfinde das als ein kleines Highlight. Ich bin sehr gespannt, die Anmeldeliste ist voll, und ich habe vermutlich mindestens genauso viele Fragen an die Eltern wie diese an mich. Vor allem interessiert mich, welchen Eindruck die Eltern, die hinter den Schülern stehen, die ich jeden Tag sehe, auf mich machen werden. Das Verhalten der Schüler hat in mir eine gewisse Erwartungshaltung hinsichtlich ihrer Familien geweckt. Ich bin gespannt, ob diese sich bestätigt oder ob sich Überraschungen auftun, die mir beim Umgang mit dem einen oder anderen Schüler vielleicht sogar helfen können.

Am Ende des Tages habe ich eine Mappe mit vielen Notizen, bin bei manchem Schüler durchaus schlauer geworden und war bei einigen doch sehr erstaunt über die Sichtweise der Eltern auf ihre Kinder. Vor allem ein Gespräch bleibt mir lange im Gedächtnis, auch weil ich darauf besonders gespannt war.

Vor mir sitzt die Mutter von Julian. Julian ist Schüler einer siebten Klasse, bereits einmal sitzen geblieben und somit älter als die meisten seiner Mitschüler. Auch körperlich ist er ihnen weit voraus, ein großer kräftiger, fast 15 Jahre alter Junge, der im Unterricht sehr häufig, wie man landläufig sagt, vollkommen »freidreht«. Julian vermittelt den Eindruck, sich selbst für den Größten zu halten, hält sich an keinerlei Regeln oder Vorgaben, kaspert so gut wie jede Stunde hauptsächlich rum und demonstriert gern offenes Desinteresse am Unterrichtsstoff. Da er weiß, dass das bei einigen Klassenkameraden gut ankommt, setzt er dabei gern ein charmantes

Lächeln auf und schaut Mitschüler, bevorzugt Mitschülerinnen, dabei an, um Beifall einzuheimsen und sie zum Mitmachen aufzufordern.

Tatsächlich jedoch ist das nur die halbe Wahrheit. Nehme ich Julian unaufgefordert dran und frage ihn nach Textinterpretationen oder anderen Dingen, fällt mir schnell auf, dass erstaunlich oft qualifizierte Antworten kommen, die man angesichts des vollkommen neben der Spur laufenden Verhaltens nicht unbedingt erwartet. Allerdings kommen diese Antworten nur dann, wenn Julian gerade Lust dazu hat. In anderen Momenten, in denen ich mir ganz sicher bin, dass er die Antwort auf meine Frage wissen wird, erzählt er bewusst Unsinn, um sich damit mal wieder vor der Klasse aufzuspielen.

Mir ist schnell klar, mit welchem Typus ich es hier zu tun habe. Julian agiert wie ein Kleinkind, er handelt rein lustorientiert und versucht, alles und alle um ihn herum beständig in seinem Sinn zu steuern. Auch seine Ehrenrunde hat wenig damit zu tun, dass er dem Stoff nicht folgen könnte. Er ist allerdings mit fast 15 Jahren immer noch nicht in der Lage, den Schulbetrieb ernst zu nehmen und sich für die Dauer des Unterrichtes am Lehrer auszurichten. Die Erfahrungen der Kollegen mit dem Schüler sind identisch mit meinen. Bei einigen spüre ich deutlich, dass sie Julian längst aufgegeben haben, vielleicht sogar darauf hoffen, dass er sich irgendwann so heftig danebenbenimmt, dass er endlich von der Schule fliegt.

In den meisten Fällen sind Elterngespräche heute vor allem deshalb schwierig, weil die Sichtweise des Lehrers zunächst mal grundsätzlich angezweifelt wird, bei gleichzeitiger Überhöhung der Elternperspektive. Als ich Julians Mutter vorsichtig darauf anspreche, wo ich die Probleme bei ihrem Sohn sehe, ernte ich allerdings nicht den erwarteten Widerstand, sondern komplette Offenheit und, ich kann es nicht anders bezeichnen, Verzweiflung.

Alles, was ich ihr über das Verhalten ihres Sohnes berichte, wird mit eifrigem Kopfnicken bestätigt, ich bin wohl auch nicht der Erste, der sie derart ins Gebet nimmt. Trotzdem hat sich an Julians Verhalten in den letzten Jahren nichts geändert, wie mir Kollegen vorher bestätigt hatten. Seine Mutter berichtet von all den Versuchen, ihren Sohn wieder in die Spur zu bekommen, und nach und nach bestätigt sich meine Vermutung, es hier mit einem Schüler zu tun zu haben, der jede einzelne These bestätigt, die der Kinderpsychiater Michael Winterhoff bereits vor mehr als zehn Jahren aufgestellt hat.

Julians Mutter ist eine freundliche, intelligente Frau, die mir berichtet, dass ihr Kind immer schon ihr ein und alles war und sie daher von Beginn an jeden seiner Schritte intensiv begleitet habe. Julian hat also vom Kindergarten an immer einen Schatten in Form seiner Mutter mit sich geführt. Dieser Schatten materialisierte sich jedes Mal, wenn Julian vermeintlich Schwierigkeiten drohten. Er hatte sich im Kindergarten mit anderen Kindern gestritten? Mama war da. Er sollte an Aktionen teilnehmen, auf die er keine Lust hatte? Mama stand auf der Matte. Er sollte in der Grundschule mehr Hausaufgaben als gewöhnlich machen? Mama wurde bei der Lehrerin vorstellig. Und so zieht es sich durch Julians junges Leben, dass, sobald ein Hindernis auftaucht, Mama es aus dem Weg räumt und versucht, alles so einzurichten, dass so etwas nicht noch einmal passiert.

Julian hat eigentlich bis zu dem Zeitpunkt, an dem ich ihn als meinen Schüler erlebe, nie gelernt, dass er eine eigenständige Person ist, die mit anderen Menschen auf eine soziale Art und Weise zu interagieren hat. Trifft er auf Widerstände, verlässt er sich darauf, dass sie sich quasi von selbst in Luft auflösen. Das Verhalten seiner Mutter signalisiert ihm, dass er ohnehin immer im Mittelpunkt steht, und genauso, wie er seine Mutter steuert, versucht er auch, andere Menschen in seinem Umfeld zu steuern. Das gelingt ihm bei seinen Mitschülern spielend. Die wenigsten wagen es, ihm die Stirn zu bieten und ihm mitzuteilen, dass sein Verhalten beispielsweise im Unterricht ihre Konzentration stört und sich damit negativ auf ihre Leistungen auswirkt. Stattdessen heizt Julian mit Vorliebe die Stimmung in der Klasse an, um zu testen, wie weit er gehen kann und ob der Lehrer nicht irgendwann einfach das Handtuch wirft. Wenn er es geschafft hat, den Unterricht komplett zu unterbrechen, ruft er gern triumphierend, ob man nun nicht einfach irgendein Spiel spielen könne.

Schüler wie Julian kennt jeder Lehrer mittlerweile zur Genüge. Hat es den einen Klassenkasper schon immer gegeben, dem die Unterhaltung seines Umfeldes wichtiger war als der Unterrichtsstoff, so sitzen heute ganze Kasperarmeen in deutschen Klassenzimmern und bombardieren sowohl die Arbeit des Lehrpersonals als auch die Bemühungen ihrer Klassenkameraden, dem Unterricht zu folgen und etwas zu lernen. Der Begriff Kasper indes ist angesichts der dramatischen Auswirkungen, die dieser Umstand hat, viel zu harmlos. Tatsächlich haben wir es hier mit einem Brandherd zu tun, der seit geraumer Zeit im Zentrum des Systems vor sich hin schwelt.

Alle Konzepte hinfällig

Warum das so gefährlich ist? Während Bildungsforscher und Pädagogen unentwegt darüber nachdenken, wie sie neue Unterrichtsformen entwickeln und mit moderneren Konzepten den Stoff besser vermitteln können, treffen sie mit ihren Ideen auf eine breite Masse von Schülern, die diese Formen und Konzepte überhaupt nicht mehr erreichen, weil sie in ihrer eigenen magischen kleinkindlichen Welt leben, in der ihre Bedürfnisse wie von Zauberhand ohne eigenes Zutun befriedigt werden und ihr Wunschdenken Wirkung hat.

Wir sehen an dieser Stelle wieder, dass sich die Probleme des Systems Schule nicht jedes für sich betrachten und lösen lassen. Natürlich ist es nicht falsch, über veränderte Unterrichtskonzepte nachzudenken. Es ergibt nur keinen Sinn, wenn man dabei die Veränderungen beim Gegenüber entweder ignoriert oder falsch einschätzt.

Sehr deutlich wird am Beispiel Julian, wie die Themen Wahrnehmung, Beziehung, pädagogische Methoden und Ausstattung von Schulen ineinandergreifen und nur eine ganzheitliche Betrachtung dessen, wie einzelne Aspekte sich gegenseitig bedingen, für nachhaltige Verbesserungen sorgen kann.

Notwendig ist zunächst einmal, auf breiter Basis anzuerkennen, dass wir es mit einer stark veränderten Schülerschaft zu tun haben. Mit dem Finger auf Einzelne zu zeigen und Verantwortung argumentativ hin und herzuschieben, hat überhaupt keinen Sinn. Auch geht es nicht um die Frage der Schuld. In der Regel scheitern Gespräche über Wohl und Wehe des Schulalltags nämlich genau daran, dass irgendeiner Gruppe Schuld zugewiesen wird. Für die einen sind es die Eltern, die ihre Kinder nicht mehr richtig erziehen, für die anderen die Lehrer, die wahlweise zu weich, zu hart, zu inkompetent oder zu anspruchsvoll sind. Politiker sind ohnehin immer an allem schuld, auch das eine Haltung, die nie zu produktiven Gesprächen und positiven Veränderungen führen wird.

Was also gelingen muss, ist, die gedankliche Unterscheidung zwischen Schuld und Verantwortung zu schaffen und sich auf das Prinzip von Ursache und Wirkung zu konzentrieren. Gelingt Letzteres, ist es immer möglich, sich mit Veränderungen auf der Ebene der Ursachen zu beschäftigen, ohne dabei moralische Maßstäbe im Sinne irgendeiner »Schuld«

anzulegen. Leider sind moralisierende Diskussionen gerade beim Thema Schule und Bildung häufig, denn es geht ja schließlich um Kinder, eines der emotionalsten Themen überhaupt, und nicht zuletzt auch eines, bei dem diejenigen, über die man diskutiert, sich aus vielerlei Gründen kaum selbst an der Diskussion beteiligen können. Das Projektionsphänomen, das für viele Schüler ganz konkret im Einzelfall des Verhältnisses zu ihren Eltern ein Problem darstellt, findet sich auch auf der Metaebene wieder, wenn verschiedene gesellschaftlich relevante Gruppen ihre Bedürfnisse und Ziele auf die Gruppe der Schüler projizieren. Diese Projektion bewirkt, dass Schüler zur Verhandlungsmasse werden, zu Stellvertretern unterschiedlicher Interessengruppen, die den Kosmos Schule als wichtige Einflusssphäre definieren, an einer sinnvollen Entwicklung von Schule und den Bedürfnissen der Schüler aber keinerlei Interesse haben.

Tabutema Gewalt – Schüler gegen Schüler, Schüler gegen Lehrer, jeder gegen jeden?

Ein Mittwochvormittag, die sechste Stunde neigt sich bereits ihrem Ende zu. Ich vertrete mal wieder einen Kollegen in dessen sechster Klasse und bemühe mich, den Schülern den Sinngehalt eines englischen Textes verständlich zu machen, mit dem sie erkennbar Probleme haben. Während wir uns Satz für Satz durch die Übersetzung arbeiten und ich eigentlich froh bin, dass es ruhiger ist und die Schüler aufmerksamer sind als sonst, klopft es kurz vor dem Ende der Stunde an der Tür. Ich öffne und sehe eine Kollegin auf dem Flur stehen, die mich mit bedeutungsschwangerem Gesichtsausdruck bittet, einen Moment vor das Klassenzimmer zu kommen und die Tür zu schließen.

Nachdem ich die Klasse dazu verdonnert habe, sich nicht Privatgesprächen zu widmen, sondern schon mal über die Übersetzung des nächsten Satzes im Text nachzudenken, komme ich der Aufforderung der Kollegin nach. Es entwickelt sich das folgende kurze Gespräch:

»In der Klasse, in der du gerade Vertretung machst, sitzt doch der Mahmud, oder?«

»Ja, der ist da. Was ist mit ihm?«

»Na ja, in meiner Klasse, in der ich jetzt gerade unterrichte, ist ja der Serhat, den kennst du ja auch …«

»Klar, netter Bursche, was ist mit ihm?«

»Serhat hat mir vorhin erzählt, dass Mahmud ihm angedroht hat, ihn nach der Schule zu verprügeln. Es hat da wohl irgendeine Auseinandersetzung gegeben. Und da Serhat Angst davor hat, dass Mahmud Ernst macht, habe ich mich entschlossen, ihn ein paar Minuten vor dem Klingeln rauszulassen, damit er sich auf den Heimweg machen kann. Dich würde ich bitten, Mahmud vielleicht noch einen Moment in der Klasse zu behalten, damit sichergestellt ist, dass die beiden sich heute hier nicht mehr über den Weg laufen. Vielleicht entspannt sich die Situation ja später von allein …«

Natürlich sage ich der Kollegin zu, mich darum zu kümmern, und bin zusätzlich neugierig geworden, was da vorgefallen ist. Ich kenne beide Jungs und bin bisher recht gut mit ihnen zurechtgekommen. Serhat ist pfiffig, weiß eine Menge, ist aber gleichzeitig auch oft undiszipliniert und respektlos gegenüber Mitschülern und Lehrern. Er stammt aus einer kurdischen Familie, die schon längere Zeit in Deutschland lebt und als gut integriert gilt. Mahmud ist noch nicht so lange in Deutschland, seine Familie ist aus Tschetschenien nach Deutschland gekommen. Er bemüht sich im Unterricht, hat aber vor allem bei den Kolleginnen immer wieder Probleme mit dem respektvollen Umgang. Einen Namen hat er sich bei den Mitschülern und auch im Kollegium vor allem mit seiner ausgeprägten Sportlichkeit gemacht, die ihm spürbar Selbstbewusstsein verschafft. Am Nachmittag trainiert er stundenlang, leider auch bisweilen auf Kosten seiner sonstigen schulischen Verpflichtungen.

Als es zum Ende der Stunde klingelt, bitte ich Mahmud, noch einen Moment im Klassenzimmer zu bleiben, damit ich mit ihm sprechen kann. Als seine Mitschüler weg sind, frage ich ihn, was denn da mit Serhat gelaufen sei:

»Ich habe gehört, du hast Serhat Prügel angedroht … Stimmt das?«

»Ja, hat er aber verdient. Ich erwisch den noch …«

»Und was soll der Quatsch? Worum geht's, warum glaubst du, das Recht zu haben, einen anderen Schüler zu schlagen?«

»Der hat meine Mutter beleidigt!«

»Deine Mutter beleidigt? Und deshalb musst du ihn schlagen?«

»Na klar, niemand beleidigt meine Mutter!«

Ich atme einmal tief durch. Oft übertrifft die Realität ja doch die Vorstellungskraft, so auch hier. Zu den Sprüchen über Mütter muslimischer Jungs, über den damit zusammenhängenden Ehrbegriff und daraus resultierende Gewalt hatte ich gelesen und gehört, im echten Leben allerdings sah ich nun zum ersten Mal das, was ich bis dato für ein Klischee gehalten hatte, leibhaftig vor mir stehen und all die Sprüche klopfen, die klingen, als hätte sie ein mittelmäßiger Gagschreiber für eine schlechte Comedyshow ersonnen.

Gag und Comedy indes war hier gar nichts. Mahmud ließ keinen Zweifel daran, dass er fest entschlossen sei, Serhat mit den Fäusten Respekt vor seiner Mutter einzubläuen. In einem längeren Gespräch über Umgangsformen in Deutschland und über Gewalt als Konfliktlösungsstrategie konnte ich ihm schließlich deutlich machen, dass weder ich noch irgendein Kollege Milde walten lassen würde, wenn er sich tatsächlich tätlich an Serhat oder irgendeinem anderen Schüler vergriffe. Die ganze Zeit fragte ich mich, ob meine Appelle an die Vernunft trotz des archaischen Begriffes von Ehre wohl ankämen und wirkten. Sicher war ich mir auch nach der Beendigung des Gespräches nicht. Soweit ich weiß, hat Mahmud tatsächlich davon abgesehen, Serhat die angekündigte Züchtigung angedeihen zu lassen. Ich verbuchte das als kleinen pädagogischen Interventionserfolg. Ob es eine dauerhafte Haltungsänderung zeitigte, kann ich allerdings nicht sagen.

Dann erinnere ich mich an den Kollegen, der mir zu Beginn meiner Lehrerkarriere erzählte, er sei ja sehr froh, nur noch mit den harmloseren Formen von Gewalt zu tun zu haben, seit er an diese Schule gewechselt sei, bei seiner vorherigen Stelle in einer Stadt mittlerer Größe gehörte es mehr oder weniger zum Alltag, immer mal wieder mit Messern konfrontiert zu werden und bei einigen Schülern auch das sichere und schlimme Gefühl zu haben, dass sie diese Messer gegebenenfalls auch gegen Mitschüler oder Lehrer zum Einsatz bringen würden. Überraschend und in diesem Moment geradezu gruselig war für mich allerdings die Abgeklärtheit, mit der dieser Kollege darüber sprach. Ich hatte nicht das Gefühl, dass er die Tatsache, dass Messer an seiner alten Schule offenbar an der Tagesordnung waren, als wirklich besorgniserregend empfand. Es klang mehr wie: »In der Kleinstadt ist es halt gemütlicher, aber ansonsten: shit happens …«

Beide Fälle zeigen: Gewalt ist an Schulen ein Thema bis in die Klein- und Mittelstädte. Und die extremen Fälle häufen sich. Im Mai 2019 überlegten sich in Dortmund drei Jugendliche zwischen 17 und 19 Jahren, ihren Lehrer in einen Hinterhalt zu locken und mit einem Hammer zu erschlagen.[10] Hintergrund waren schlicht und ergreifend schlechte Noten, die die Schüler als ungerecht empfanden. Der Plan konnte nur deshalb nicht in die Tat umgesetzt werden, weil der Lehrer bei dem Gesprächsersuchen der jungen Männer bereits misstrauisch wurde und sich nicht in den Hinterhalt locken ließ. Nach dem Scheitern des ersten Versuches planten die drei über einen WhatsApp-Chat einen zweiten, wurden jedoch durch einen Mitschüler verraten und konnten schließlich zur Rechenschaft gezogen werden. Im Juli 2020 erhielt der siebzehnjährige Haupttäter eine dreijährige Jugendstrafe wegen versuchten Mordes.

Was in Deutschland bisher noch nicht passiert ist, aber möglicherweise in der Luft liegt, wurde der Öffentlichkeit am 16. Oktober 2020 bewusst, als sie mit Schrecken nach Frankreich schaute. Der Name Samuel Paty brannte sich an diesem Tag in das Gedächtnis Frankreichs und wohl auch anderer europäischer Staaten ein. Paty, Lehrer für Geschichte und Geografie an einer Mittelschule im Pariser Vorort Conflans-Sainte-Honorine, wurde von einem 18-jährigen Schüler tschetschenischer Herkunft brutal mit mehreren Messerstichen angegriffen und schließlich mit einem langen Messer enthauptet. Grund für diesen grausamen Mord war die Tatsache, dass Paty in seinem Unterricht zum Thema Meinungsfreiheit mit den bekannten Mohammed-Karikaturen gearbeitet hatte, für die die französische Satirezeitschrift *Charlie Hebdo* von islamistischen Terroristen angegriffen worden war. Bei diesem Überfall im Januar 2015 starben insgesamt elf Menschen.

Der Mörder selbst war kein Schüler Patys, sondern hatte von dem Unterrichtsthema und davon, dass Paty die muslimischen Schüler seiner Klasse währenddessen aus dem Raum geschickt habe, durch Gerüchte und Nachrichten über Messengerdienste erfahren. Während der Ermittlungen der Polizei und im Zusammenhang mit der Trauerfeier für Paty solidarisierten sich landesweit in Frankreich mehrere Hundert

Schüler mit dem Mörder, Aussagen wurden laut, sie hätten genauso gehandelt.

Das ist, ob Dortmund oder Paris, die Spitze des Eisberges, doch dessen Basis unter der Wasseroberfläche wird breiter und breiter. Im September 2020 veröffentlichte der »Verband Bildung und Erziehung« in Zusammenarbeit mit dem Meinungsforschungsinstitut forsa eine Studie, die die Zunahme der Gewalt gegen Lehrer an deutschen Schulen untersuchte.[11] Dabei gab es in allen angebotenen Kategorien eine deutliche Steigerung der Zahlen gegenüber der Umfrage von 2018. Drei Aussagen standen zur Diskussion, und die Ergebnisse sind zum Fürchten.

- »Es gab an der Schule in den letzten fünf Jahren Fälle, in denen Lehrkräfte direkt beleidigt, gemobbt oder belästigt wurden.«

  Dieser Aussage stimmten an Grundschulen 57 gegenüber 46 Prozent zu, an Haupt-, Real- und Gesamtschulen 73 statt 59 Prozent sowie an Gymnasien 48 statt 33 Prozent.

- »Es gab an der Schule in den letzten fünf Jahren Fälle, in denen Lehrkräfte über das Internet diffamiert, belästigt, bedrängt, bedroht oder genötigt wurden.«

  Dieser Aussage stimmten an Grundschulen 20 statt 13 Prozent zu, an Haupt-, Real- und Gesamtschulen 52 statt 36 Prozent sowie an Gymnasien 46 statt 33 Prozent.

- »Es gab an der Schule in den letzten fünf Jahren Fälle, in denen Lehrkräfte körperlich angegriffen wurden.«

  Dieser Aussage stimmten an Grundschulen 40 statt 32 Prozent zu, an Haupt-, Real- und Gesamtschulen 21 statt 12 Prozent sowie an Gymnasien 7 statt 4 Prozent.

Was besonders ins Auge fällt, nachdem man den ersten Schock verdaut hat, ist die enorme Zahl an körperlichen Angriffen im Grundschulbereich. Die Aussagen des VBE-Bundesvorsitzenden Udo Beckmann lesen sich auf die ganze Studie bezogen noch angemessen sorgenvoll und kritisch: »Es ist erschütternd, wie stark die Zahlen gestiegen sind. Zumal die Kultusministerien öffentlich stets versichern, dass es sich nur um Einzelfälle handelt. So wird auch begründet, warum teils keine Statistiken geführt werden.« Auf den hohen Wert in Bezug auf körperliche Gewalt an Grundschulen angesprochen, liest man jedoch die erstaunliche Feststellung: »Jüngere Kinder können ihre Emotionen noch nicht so gut kontrollieren und wissen sich manchmal nicht anders zu helfen.« Vermutlich ist dieser Satz allerdings nur auf den ersten Blick erstaunlich, denn auch wenn es so wohl gar nicht gemeint ist, sehen wir hier unter Umständen einen Effekt der Beziehungsstörungen und entwicklungspsychologischen Verzögerungen im jungen Kindesalter, die Michael Winterhoff in *Warum unsere Kinder Tyrannen werden*[12] vorhergesagt hatte. Die Feststellung, Kinder im Alter zwischen sechs und zehn Jahren gingen Lehrer körperlich an, weil sie »sich nicht anders zu helfen wissen«, ist die Bankrotterklärung einer Gesellschaft, die zugewandten und liebevollen Umgang mit Kindern mit der Projektion der eigenen Bedürfnisse auf die Kinder verwechselt und diesen damit ein altersgemäßes Aufwachsen verwehrt. Ein Kind, das sich nicht als eigenständig, abgegrenzt von anderen Menschen erleben kann, wird die natürliche Distanz zum Lehrer viel schwerer einhalten können als eines, das bereits im Elternhaus und vor der Schule in Kita oder Kindergarten Erwachsene als Orientierung erleben durfte. Für jüngere Grundschullehrer ist eine schwierige Lage entstanden, in der sie sich vielfach entscheiden müssen, im Widerspruch zu den in der Ausbildung erlernten Theorien zu unterrichten. Ich habe Grundschullehrer erlebt, die mir bei ihrem Berufseinstieg in voller Überzeugung von all den schönen offenen Unterrichtsmodellen erzählten und jede Bemerkung über die steigende Zahl auffälliger (und eben auch aggressiver) Kinder ins Reich der Fabel verwiesen. Traf ich diese nach einigen Jahren wieder, war die Mehrheit aus purer Verzweiflung zu klassischem Frontalunterricht und sehr enger Führung der Kinder zurückgekehrt, um wenigstens einen Teil des vorgesehenen Stoffes auch tatsächlich lehren zu können.

Die Zahlen im Bereich der Gewalt gegen Lehrer sind wirklich alarmierend, so gab das Landeskriminalamt Niedersachsen Mitte 2020 an, 61 Prozent der Schulleiter hätten gemeldet, dass es in den vergangenen Jahren Gewalt gegenüber dem Lehrpersonal gegeben habe, und die erwähnte VEB-Studie kommt in der Sparte »Tätliche Gewalt« über alle Schulformen gerechnet auf einen stolzen Wert von 34 Prozent. Anders gesagt: An jeder dritten deutschen Schule werden Lehrer von Schülern angegriffen, in immer mehr Fällen dabei auch mit Waffen, in der Regel handelt es sich dabei um Messer. Man wird das böse Gefühl nicht los, dass der erste Fall Samuel Paty an einer deutschen Schule nicht mehr weit sein könnte, und man mag sich kaum vorstellen, welche Kaskade an Erklärungen und Entschuldigungen dann losgetreten wird, um nicht wirklich ans Eingemachte gehen zu müssen.

Auf Lehrerseite führt dieser Anstieg physischer und psychischer Gewalt natürlich zu deutlichen Effekten. Hier zeigt sich wieder das bereits angesprochene Thema Burn-out, Angststörungen, Depressionen: Eine Erhebung von Zahlen, die aussagen, wie viele Krankschreibungen explizit auf Gewalt durch Schüler zurückzuführen sind, steht aus. Sollte es sie jemals geben, dürften die Werte erheblich sein.

Während die VEB-Umfrage gezielt die Gewalt gegen Lehrkräfte untersucht hat, sind die Formen der Gewalt vielfältiger.

Wie wir am Beispiel von Mahmud und Serhat gesehen haben, ist auch die Gewalt der Schüler untereinander ein wesentliches Thema. Auch Vandalismus und die mutwillige Zerstörung von Sachen verdienen Aufmerksamkeit. Was Lehrer Schülern antun, spielt ebenfalls nach wie vor eine große Rolle.

Wenn es einen Lehrer trifft, ist die allgemeine Bestürzung groß. Wenn ein Schüler gegen einen anderen gewaltsam vorgeht, wird das immer noch gern auf die leichte Schulter genommen. »Früher haben wir uns auch geprügelt«, ist dann zu hören, und es werden sozialromantische Vorstellungen von Raufereien gepflegt, die nun mal zum Erwachsenwerden dazugehörten und noch niemandem geschadet hätten. Abgesehen davon, dass es auch früher schon Täter und Opfer bei »Raufereien« gegeben hat und viele der Opfer bis heute unter psychischen Folgeschäden leiden, weil sie niemand wirklich ernst genommen hat, reden wir heute über eine andere Qualität der Gewalt. Der Gebrauch von Waffen hat erheblich zugenommen, die Grenze zum Gewaltexzess wird wesentlich häufiger überschritten als früher. Ging es bei den klassischen Raufereien eher um die psychologische Komponente, um zu zeigen, wer »der Stärkere« ist und zum Anführer einer Clique taugt, steht heute oft die Gewalt selbst im Mittelpunkt und wird selbst dann noch ausgekostet und fortgeführt, wenn der Unterlegene längst wehrlos ist.

2019 hat selbst das Kriminologische Forschungsinstitut Niedersachsen des bekannten Kriminologen Christian Pfeiffer einen statistisch nachweisbaren Anstieg der Gewalt unter Schülern festgestellt. Das ist allein schon deshalb bemerkenswert, weil Pfeiffer und sein KFN beim Thema Jugendkriminalität sonst eher zum Lager der Beschwichtiger und Verharmloser gehören. Abgefragt wurden in der Studie des Instituts die Erlebnisse von Raub, Erpressung, sexueller Gewalt und verschiedenen Arten von Körperverletzung bei Neuntklässlern, also Jugendlichen im Alter von etwa 15 Jahren. Dabei gaben insgesamt 27 Prozent der Schüler an, eine dieser Gewaltformen überhaupt schon einmal erlebt zu haben, bei 14 Prozent lag dieses Erlebnis weniger als ein Jahr zurück, war also »frisch«. Körperverletzung durch eine einzelne Person spielte dabei mit 19 Prozent die dominierende Rolle.

Auch der Anstieg des Mitführens und Einsatzes von Waffen konnte in der Studie nachgewiesen werden. Ein Teil der Schüler gab dabei an, die Waffe nur für das eigene Sicherheitsgefühl als Möglichkeit der Selbstverteidigung dabeizuhaben. Was das über die psychische Befindlichkeit und das Sicherheitsgefühl von jungen Menschen aussagt, wäre eine eigene Studie wert. Schließlich stellt die Untersuchung noch einen allgemeinen Zusammenhang zu »anderen negativen Entwicklungen« wie »Zunahme von Schulabsentismus, vermehrtem Drogenkonsum sowie einem generellen Anstieg von Opfererfahrungen Jugendlicher in verschiedenen sozialen Kontexten«[13] fest. Der letztgenannte Punkt zeigt die Wechselwirkungen zwischen schulischem und außerschulischem Bereich, die Verankerung des Systems Schule im System Gesellschaft. Damit wird noch einmal sehr deutlich, dass wir, ob nun beim Thema Gewalt oder bei anderen Themen, nie über einen abgeriegelten Teilbereich sprechen, sondern immer die Auswirkungen auf die aktuelle und die zukünftige Gesellschaft mit im Blick haben müssen.

Das gilt natürlich genauso für Vandalismus, also Gewalt gegen Sachen. Auch hier lässt sich feststellen, dass die Art und Weise der Sachbeschädigungen drastischer geworden ist. Wurden früher vielleicht Tische und Stühle durch die Gegend geworfen und beschädigt, wird heute auch schon mal ein ganzes Klassenzimmer komplett zerlegt. Auffällig sind auch gezielt antisoziale Taten wie die Zerstörung frisch angelegter Beete in Schulgärten oder Ähnliches. Hier kommt offenbar neben der Lust an der Zerstörung auch noch der Gedanke der Demütigung derjenigen ins Spiel, die mit viel Engagement und Hingabe solche Projekte auf die Beine stellen.

Schließlich noch ein paar Worte zu einem ganz sensiblen Bereich, der aber bewusst nicht ausgespart werden soll. Gewalt von Lehrern an Schülern wird vergleichsweise selten thematisiert. Seit Abschaffung der Prügelstrafe gehört der Rohrstock auf Hände und Gesäß oder die flache Hand ins Gesicht zu den Relikten einer zum Glück vergangenen Vorstellung von »Pädagogik«. Mitte der 1980er-Jahre habe ich selbst noch Lehrer erlebt, die auf andere Weise sozialisiert worden waren und ungeachtet der Tatsache, dass körperliche Strafen schon zu diesem Zeitpunkt verboten waren, kräftige Ohrfeigen verteilten. So wird mir stets mein damaliger Lehrer im Werkunterricht der sechsten Klasse in Erinnerung bleiben, der meinem Sitznachbarn als Strafe eine »schmieren« wollte, dann aber, weil dieser sich rechtzeitig duckte, mich derart mit voller Wucht und unvorbereitet erwischte, dass ich von meinem Stuhl kippte.

Diese Zeiten sind vorbei. Aber eines bleibt und wird nur im vertraulichen Gespräch zugegeben: Lehrer, die unter Druck geraten, gehen bisweilen mit verbaler Aggressivität gegen Schüler vor. Dabei werden die Grenzen, innerhalb derer man noch von Frotzeleien und ironischen Bemerkungen sprechen könnte, oft deutlich überschritten. Schüler, die gezielt von Lehrern ausgesucht werden, um Zielscheibe der eigenen Aggression zu werden, sind keine Rarität. Von körperlicher Gewalt hört man tatsächlich nur noch selten, wohl allein schon aus dem Grund, dass es sich dabei um eine schnell nachweisbare Straftat handeln würde. Komplett verschwunden ist aber auch diese nicht.

Bereits 2010 stellte die Autorin eines Artikels zum Thema in der *Süddeutschen Zeitung* fest: »Viele Pädagogen wünschen sich insgeheim, ihre Schüler auch einmal härter anpacken zu dürfen.«[14] In Großbritannien, so die Autorin weiter, wünsche sich jeder fünfte Lehrer die Rückkehr des guten alten Rohrstockes. Wie eine solche Umfrage mit ehrlichen Antworten wohl in Deutschland aussehen würde? Das soll keinesfalls unterstellen, deutsche Lehrer wünschten sich die Möglichkeit körperlicher Strafen zurück, doch ist die Frustration über fehlende Sanktionsmöglichkeiten bei Schülervergehen vielen Pädagogen anzumerken. In Zeiten, in denen selbst Notengebung manchem »fortschrittlichen« Pädagogiktheoretiker schon als Form von Gewalt gilt, sucht sich mancher Wege, um Druck auszuüben, und der schnellste Weg geht hier immer über verbale Demütigungen.

Das ist ein Aspekt des Themas Gewalt, den man im Blick behalten muss, um eine zunehmende Haltung von »wir gegen die« bei Lehrern und Schülern zu vermeiden. Gute Schule funktioniert nur im Miteinander aller Beteiligten, sie ist aber aufgrund des »Gefälles« zwischen Erwachsenen und Kindern sowie Jugendlichen immer auch ein Ort von Hierarchien. Entscheidend ist dabei, wie mit diesen Hierarchien umgegangen wird. Werden sie genutzt, um Schülern durch kompetente und beziehungsfähige und -gewillte Lehrer altersgemäß Anleitung, Orientierung und Schutz zu gewähren, sind sie sinnvoll. Werden sie für Machtspielchen und Dominanzgebaren genutzt, so muss dem schnell ein Riegel vorgeschoben werden. Diese Hierarchien zu leugnen, um eine Wohlfühlschule hinzubekommen, konterkariert jedoch sämtliche Bemühungen um Bildung und allgemeine Entwicklung der Schüler.

REIZTHEMA MIGRATION – BRANTBESCHLEUNIGER UND SPRENGSTOFF

Die meisten der Themen in Zusammenhang mit Schule und Bildung sind geeignet, jede Party zu sprengen und die gute Stimmung kippen zu lassen. Allerdings trifft das wohl auf kaum ein Einzelthema so extrem zu wie auf die Frage der Integration einer zunehmenden Zahl von Schülern mit migrantischem Hintergrund, und hier vor allem diejenigen mit kulturell-religiösen Prägungen, die häufig mit westeuropäischen Standards nur schwer vereinbar sind.

Die Frankfurter Grundschulrektorin Ingrid König hat dem Thema ein ganzes Buch gewidmet,[15] und in der Tat ist dieser Themenkomplex mittlerweile ein so dominantes Thema in der Schuldiskussion, dass es sich kaum mit anderen wichtigen Themen gemeinsam zu diskutieren lassen scheint. Am Ende jedoch, so meine Überzeugung, greift auch hier die Frage, wie und zu welchem Zweck wir Bildung definieren, denn es kann nur Bildung sein, die kulturelle Gräben überwinden hilft, wie sie sich vor allem zwischen Schülern aus fundamental denkenden muslimischen Elternhäusern und dem westlichen Freiheitsbegriff auftun.

Das Beispiel von Serhat und Mahmud, das ich an anderer Stelle bereits ausführlich beschrieben habe, spielt natürlich auch für diesen Zusammenhang eine Rolle. Aber das war nicht meine letzte Erfahrung mit diesem Thema.

Es ist mal wieder Vertretungsstunde. Allerdings unterrichte ich keinen Klassenverband, sondern einen Kurs im Fach »Werte und Normen«, dem auch einige Schüler meiner eigenen sechsten Klasse angehören. Das Fach »Werte und Normen« ist für alle Schüler gedacht, die aus irgendeinem Grund nicht am konfessionell gebundenen Religionsunterricht teilnehmen können oder wollen. So sitzen in diesem Kurs durchaus auch deutsche, christlich geprägte Schüler, aber vor allem sind hier diejenigen anderen Glaubens versammelt, also in der Regel Muslime. An der kleinen Schule in dem Provinzstädtchen, an der ich unterrichte, ist die Menge dieser Schüler durchaus überschaubar, sodass auch Vorkommnisse wie der Streit zwischen Mahmud und Serhat glücklicherweise noch nicht zum Alltag gehören. Wer das Buch von Ingrid König oder verschiedene Dokumentationen im TV kennt und sich mit Kollegen aus größeren Städten und dort wiederum vor allem bestimmter Viertel unterhält, weiß indes, dass an einer steigenden Zahl von Schulen dieser Alltag längst vorhanden ist.

In meinem Kurs sitzen natürlich auch Mahmut und Serhat, und Letzterer ist dann auch in der nachfolgenden Szene wieder einer der Hauptakteure. Der Kollege, den ich vertrete, hat mir das Thema genannt, das derzeit behandelt wird. Es dreht sich alles um die drei großen Weltreligionen, ihre Gemeinsamkeiten und Unterschiede. Ein interessantes Thema also und ich hoffe, in dem Kurs eine anregende Diskussion führen zu können, gerade weil zumindest zwei dieser Religionen ja ausreichend unter den Schülern vertreten sind. Allerdings werden meine guten Vorsätze schon im Vorfeld der Stunde zunichtegemacht, als mich eine Mail des Kollegen erreicht, der mich bittet, mir Serhat doch noch mal gesondert vorzunehmen, da er ja schließlich Schüler meiner Klasse sei und sich in der letzten Kursstunde erheblich danebenbenommen habe, ohne Unrechtsbewusstsein zu zeigen. Nähere Informationen bekomme ich nicht, und ich beschließe, den Vorfall zum Unterrichtsthema zu machen, denn wo könnte man besser über unterschiedliche Meinungen und so etwas wie Streitkultur sprechen als in einem Fach mit dem Namen »Werte und Normen«?

Ich spreche Serhat gleich zu Beginn der Stunde auf den Vorfall an und bitte ihn, mir zu schildern, was passiert ist. Als

Antwort bekomme ich ein hämisches Lachen und die Aufforderung: »Das müssen Sie den Markus fragen, der hat mich ja schließlich beleidigt!« Ich schaue zu Markus, einem eher stillen Schüler, der am anderen Ende des Klassenraums sitzt und verschämt grinst, aber nichts sagt. »Mir egal«, sage ich, »einer von euch fängt an und erzählt mir, worüber ihr euch gestritten habt ...« Ich weiß aus Erfahrung, dass Serhat sich trotz des anfänglichen Zierens nicht lange bitten lassen wird, und so platzt es nach einem kurzen Moment der Stille aus ihm raus: »Der hat die Moschee beleidigt! Er hat sie ›Muschi‹ genannt!« Ich schaue ins Klassenrund, um zu sehen, wie der Rest des Kurses reagiert. Auf den Gesichtern der muslimischen Schüler sehe ich Zustimmung zu Serhats Aufregung und die Erwartung an mich, Markus für diese offensichtliche Frechheit zu bestrafen. Ein paar der anderen versuchen, nicht zu zeigen, dass sie das eigentlich ganz witzig finden, und schmunzeln verschämt in sich hinein. Ich schaue den Schüler an und frage ihn, ob das stimme, was Serhat ihm vorwirft. Als Antwort bekomme ich lediglich eine genervte Grimasse und zum Schluss den herausgepressten Satz: »War ja nur ein Witz.«

Nachdem das »geklärt« ist, nehme ich den Vorfall zum Anlass, über die Witzigkeit von Witzen über Religion, über witzige und geschmacklose Witze im Allgemeinen und über den Umgang mit religiösen Überzeugungen zu diskutieren. Kein einfaches Thema im Rahmen einer sechsten Klasse. Allerdings merke ich durchaus, dass die Schüler bereit und in der Lage sind, sich Gedanken zu diesen Fragen zu machen. Am Ende der Stunde habe ich zumindest die Hoffnung, dass das »Team Markus« verstanden hat, dass man auch bei Witzen einen gewissen Respekt zeigen kann und sich nicht auf einem unterirdischen Niveau bewegen muss. Beim »Team Serhat« setze ich darauf, dass angekommen ist, dass Religion in einer weitgehend säkularen Kultur kein Grund sein sollte, bösartige

Streitigkeiten vom Zaun zu brechen. An den Gesichtern einiger Schüler sehe ich, dass diese Erkenntnisse durchaus in ihnen arbeiten und sie noch nicht ganz bereit sind, das so zu akzeptieren.

Das ist nur ein kleiner und recht harmloser Vorfall, doch zeigt er die Basis dessen, was an vielen deutschen Schulen los ist. War noch vor zehn oder zwanzig Jahren die Religion eines Schülers in der Regel kein Grund für größere Streitereien, so ist mit dem erheblich höheren Anteil muslimischer Menschen in Deutschland nicht zuletzt an den Schulen etwas in gefährlicher Weise gekippt und dabei zusätzlich in der öffentlichen Diskussion mit einem latenten Sprechverbot belegt worden.

Es ist hier nicht der Platz, um diese Diskussion ausführlich zu bestreiten, daher nur ein paar Anmerkungen dazu, weil dieses Thema nun mal einen erheblichen Brandherd darstellt, sowohl in der Schule als auch gesamtgesellschaftlich.

Um dieses Thema anzugehen, ist es aus meiner Sicht erforderlich, denjenigen zuzuhören, die tagtäglich mit den Herausforderungen durch die Situation zu tun haben, also den Lehrern und Lehrerinnen, die an Schulen arbeiten, an denen der Zusammenprall unterschiedlicher kultureller und religiöser Hintergründe besonders heftig ist. Das hat bei den Recherchen für dieses Buch mein langes Gespräch mit Ingrid König noch mal eindringlich gezeigt. Es gibt mittlerweile durchaus eine erkleckliche Zahl an Berichten über die Schwierigkeiten, die hier auftreten, insbesondere durch Schüler und ihre Familien, die einen fundamentalistischen Islam leben und dessen Grundsätze auch mit in die Schule bringen. Beispiele gibt es genug, so wie die Schülerinnen an einer Hamburger Schule, die sich grundsätzlich weigern, Lehrern oder Mitschülern die Hand zu geben. Oder die Schüler an einer hessischen Grundschule, die ihre Lehrerin damit überraschten, dass sie auf keinen Fall, wie sonst üblich, an ihrem Geburtstag ein Lied vorgesungen haben wollten. Das sei ihnen verboten. Die überraschte Lehrerin recherchierte und stellte fest, dass es tatsächlich eine konservative Koraninterpretation gibt, die das Feiern von Geburtstagen als Nachahmung der Rituale anderer Religionen verbietet.

Insbesondere Lehrerinnen sollte hier Gehör geschenkt werden, denn das Frauenbild eines extrem patriarchalischen Systems führt an vielen Schulen dazu, dass Lehrerinnen von männlichen Schülern gar nicht ernst genommen werden und Mitschülerinnen in einer Art und Weise behandelt werden, die zig Jahre Frauenemanzipation mit einer schnellen Bewegung vom Tisch wischt.

Diese Diskussion muss unbedingt vor dem Hintergrund geführt werden, dass wir in einem eigentlich aufgeklärten Land leben, in dem die autoritären Strukturen eines religiösen Fundamentalismus, egal aus welcher Richtung er kommt, nichts zu suchen haben. Wir können uns nicht zurecht über die rückständigen Strukturen etwa innerhalb der katholischen Kirche aufregen und dann die Diskussion über ganz ähnliche Strukturen im Islam pauschal mit dem Hinweis auf Rassismusverdacht verweigern.

Lehrer äußern sich zu diesen Themen häufig nur hinter verschlossenen Türen. Dann allerdings werden Bedenken geäußert, wie beispielsweise die einer Lehrerin aus Berlin, die die Veränderungen im schulischen Umfeld kritisch sieht: »Als ich junge Lehrerin war, war der religiöse Hintergrund der Schüler im Grunde kein Thema, auch der der muslimischen Kinder nicht, die es ja auch damals schon gab. Das hat sich in den letzten Jahren erheblich geändert, und mir macht das Sorgen. Religion spielt eine große Rolle für viele Schüler und ihre Eltern, aber wir schaffen es als Schule kaum, darüber zu sprechen.« Viele Eltern, so sagt sie, seien kaum oder gar nicht zu erreichen, und eine immer größere Zahl Schüler ließe über diese Themen gar nicht mit sich reden, sondern übernehme eins zu eins, was sie aus einem immer konservativeren Umfeld vermittelt bekämen.

Schule kann hier helfen, indem sie Bildung vermittelt, die auch die Schüler in die Lage versetzt, sich selbst und ihr Umfeld besser zu reflektieren und die grundgesetzlich verbriefte Religionsfreiheit nicht als Freibrief für rückständiges Verhalten, etwa in Bezug auf das Verhältnis von Mann und Frau, zu interpretieren.

Mir ist klar, dass wir es hier mit einem Punkt zu tun haben, an dem gesamtgesellschaftliche Probleme in die Schule getragen werden und daher auch nicht vom System Schule oder gar einzelnen Lehrern gelöst werden können. Was aber gelingen könnte, wenn alle Beteiligten dazu beitragen, wäre, das System Schule mit seinem weltanschaulichen Neutralitätsanspruch zu verpflichten, solche Konfliktherde frühzeitig zu identifizieren und konsequent darauf hinzuwirken, dass Schule bedeutet, für alle die gleichen Chancen auf Wissensvermittlung und Bildung und somit auch einen Schutzraum vor kulturellen Konflikten zu bieten.

Ich sehe bei diesen Worten den einen oder anderen förmlich mit den Augen rollen und mich angesichts der Realität an deutschen Schulen fernliegender Illusionen bezichtigen. Allerdings kann es wohl keine Lösung sein, die Hände in den Schoß zu legen und derartige Brandherde schwelen zu lassen, bis sie sich unter Umständen auch in Deutschland irgendwann so entladen, wie im an anderer Stelle angesprochenen Fall von Samuel Paty. Während mit vollem Recht rechtsradikale und rassistische Vorfälle ausführlich Thema in verschiedenen Fächern sind, ist der Fall Paty an deutschen Schulen dem Vernehmen nach kaum thematisiert worden.

ELTERN – FLUCH UND SEGEN FÜR DIE SCHULE

Montag, fünfte Stunde. Den meisten Schülern der 8a steckt spürbar das Wochenende in den Knochen, und die ersten vier Stunden haben sie zusätzlich weichgekocht. Ich weiß mittlerweile, dass es in dieser Doppelstunde und dieser Klasse schwierig wird, einigermaßen am Stoff zu arbeiten und Ruhe ins mit 30 Schülern vollgepackte Klassenzimmer zu bekommen. So ist es auch an diesem Tag, und so beschließe ich, das zu tun, was ich mir seit einiger Zeit angewöhnt habe: Ich thematisiere die Unruhe, die Störungen und das Fehlverhalten der Schüler direkt in der Klasse, um die Schüler unmittelbar zu konfrontieren. Meist klappt das ganz gut, und wir können nach einiger Zeit einigermaßen in Ruhe Unterricht machen. Als ich an diesem Tag die Diskussion beenden will, meldet sich Tobias, der in der ersten Reihe vor mir sitzt. Er müsse unbedingt noch was zum Thema loswerden:

»Schieß los, Tobias, was hast du auf dem Herzen?«

»Na ja … Sie meckern immer, weil wir zu laut sind und nicht aufpassen … und da haben Sie ja auch recht, aber Sie müssen auch mal darüber nachdenken, woran das eigentlich liegt …«

»Jetzt bin ich gespannt … Klär mich auf, woran liegt's?!«

»Na, das liegt an unseren Eltern! Wir sind einfach schlecht erzogen, und das lassen wir dann in der Schule an Ihnen und anderen Lehrern aus …«

Wieder einer dieser Momente, die mich für kurze Zeit sprachlos machen. Ich denke bei mir, dass Tobias mit seiner Ansicht gar nicht so weit danebenliegt, weil wir in der Schule tatsächlich immer wieder zu spüren bekommen, was in den Elternhäusern schiefläuft. Natürlich sage ich das in diesem Moment nicht laut, muss jedoch sogar leicht schmunzeln, gerade auch ob der in Tobias' Gesichtsausdruck sichtbaren völligen Überzeugung, die richtige Analyse geliefert zu haben.

Für viele Lehrer gehört diese Erkenntnis zum Alltag: Es geht nicht ohne die Eltern, aber sehr oft geht es auch nicht so richtig mit ihnen. Im System Schule sind Eltern Brandherd und Feuerwehr gleichzeitig, sie können alle Bemühungen der Schule zunichtemachen, aber auch mithelfen, dass vieles besser läuft.

Erinnern wir uns an Julian. Zu Beginn gab es das Gespräch mit seiner Mutter bei dem Elternsprechtag. Ich war an jenem Tag sehr neugierig, die Eltern meiner Schüler in dieser geballten Form von vielen aufeinanderfolgenden viertelstündigen Gesprächen zu erleben, weil mir das zum Verhalten der einzelnen Schüler wichtige Zusatzinformationen liefern konnte. Eine Viertelstunde reicht natürlich nicht aus, um ins Detail zu gehen, auf der anderen Seite zwingt das zeitliche Limit beide Seiten, ihr Anliegen eindeutig und aufs Wesentliche reduziert vorzutragen.

So war mein Terminkalender für diesen Freitagnachmittag vollständig durchgetaktet, keine einzige Lücke war geblieben, und ich freute mich, dass doch so viele Eltern die Gelegenheit nutzen wollten, um mit mir zu sprechen. Das dürfte im konkreten Fall auch daran gelegen haben, dass ich neu an der Schule war und noch nicht alle Eltern vorher kennenlernen konnte. Aber ich sah es zusätzlich auch als gutes Zeichen, dass zumindest ein nennenswerter Teil der Eltern einen Bezug zum Schulalltag ihrer Kinder hatte und sich dafür interessierte. Leider »schwänzten« am Ende immerhin vier Eltern ihren Termin, ohne abzusagen oder sich im Nachgang zu entschuldigen. Die restlichen Gespräche jedoch waren durchgängig sehr aufschlussreich für mich.

Als Elternteil habe ich in den vergangenen Jahren leider häufig erlebt, dass Lehrer von sich aus Terminwünsche zum

Elternsprechtag entweder von vornherein abblockten oder bereits vereinbarte Termine kurzfristig wieder absagten. In der Regel lautet die Begründung dann, dass die Leistungen des Kindes keinen akuten Anlass zur Sorge gäben und man doch auch kein Gespräch brauche. Diese Form der Abwehr elterlichen Interesses fand ich immer sehr merkwürdig und durchaus auch unhöflich. Gleichzeitig empfand ich diesen Umstand allerdings auch als Symptom für das generell angespannte Verhältnis in der Kommunikation zwischen Lehrern und Eltern, das verschiedene Gründe hat.

Zwischen Helikoptern und Kommunikationsverweigerern

Ben ist Schüler einer siebten Klasse an einer Gesamtschule in Nordrhein-Westfalen. Für den Biologieunterricht hat sich seine Lehrerin dazu entschlossen, die Schüler eine Präsentation machen zu lassen und ihnen dabei die Wahl des Präsentationsmittels freizustellen. Sie können frei erzählen und dabei etwas am Smartboard aufzeichnen und -schreiben, sie können ein klassisches Plakat gestalten und vorstellen oder auch eine Powerpointpräsentation erstellen und für ihren Vortrag nutzen.

Ben ist stolz darauf, dass er eine schicke Computerausstattung sein Eigen nennen darf, alles auf dem neuesten Stand, und mit Powerpoint kennt er sich auch aus. Fehlt nur noch das Tier, das er vorstellen soll, denn Frau Schmidt, seine Lehrerin, hat entschieden, dass sie jedem Schüler eines zuteilen wird, mit dem er sich beschäftigen soll. Ben passt schon diese Vorgehensweise nicht so richtig, denn er hatte bereits eine perfekte Idee, über welches Tier er sprechen möchte. Völlig außer sich ist er jedoch, als er die Ameise zugeteilt bekommt. So was Langweiliges! Die will er nun ganz sicher nicht, Ben empfindet diese Zuteilung als Beleidigung, weiß er doch viel besser, welches Tier zu ihm passt. Im Unterricht sieht das dann so aus, dass Ben zunächst mal lautstark protestiert, die Arme vor dem Körper verschränkt und die Lehrerin auffordert, ihre Entscheidung zu revidieren. Als das alles zunächst nicht fruchtet, setzt er sich auf den Boden des Klassenraums und dreht Frau Schmidt dabei den Rücken zu. Doch immer noch lässt diese sich nicht erweichen, Bens Drängen nachzugeben und ihm zu erlauben, ein anderes Tier zu wählen. Am Ende der Stunde stapft der Junge mit einem deutlich vernehmbaren »Das sag ich meinen Eltern!« aus dem Klassenraum.

Am Nachmittag desselben Tages klingelt das private Telefon von Frau Schmidt. Bens Vater ist dran und hält sich auch nicht lange mit dem Austausch freundlicher Floskeln auf. Was denn die Ameise für ein blödes Tier sei, damit müsse sein Sohn sich ja nun wohl wirklich nicht auseinandersetzen. Sie solle doch lieber froh sein, dass er sich bereits Gedanken gemacht und »sein« Tier schon lange gefunden habe. Wie auch immer, er fordere sie hiermit auf, die Entscheidung rückgängig zu machen und seinem Sohn zu gestatten, das Tier seiner Wahl vorzustellen.

Bis hierhin hat Frau Schmidt in dem Telefongespräch fast kein einziges Wort sagen können. Ein regelrechter Wortschwall ergießt sich über die junge Biologielehrerin, die ein wenig konsterniert der Tirade zuhört. Als sie ansetzt, dem Vater ihre Vorgehensweise zu erklären, unterbricht dieser sie mitten im Satz und verkündet, dass er das alles gar nicht hören wolle und wenn sein Sohn nicht über den Seestern referieren dürfe, den er sich selbst ausgesucht hatte, werde er am morgigen Tag beim Schulleiter vorstellig werden und das Thema auf die nächsthöhere Stufe heben.

Nachdem sie spürt, dass dem Mann mit Argumenten nicht beizukommen ist, gibt Frau Schmidt schließlich auf. Sie verspricht, ihre Entscheidung zu überdenken, und entscheidet sich nach der Beendigung dieses unangenehmen Telefonates schließlich für den Weg des geringsten Widerstandes. Sie setzt sich an den Computer, schreibt Ben eine Mail und erlaubt ihm, sich in seinem Referat dem Seestern zu widmen. Die Ameise wird ersatzlos gestrichen.

Was hier passiert ist, passiert jeden Tag an diversen Schulen im Land. Lehrer stehen scheinbar hilflos vor Eltern und Schülern, die jede Regel sinn- und respektvollen Miteinanders ignorieren und mit allen Mitteln anderen ihren Willen aufzuzwingen versuchen. Ben und sein Vater sind dabei durchaus nicht nur die Spitze des Eisberges, ihr Verhalten ist vielmehr exemplarisch für das Verhältnis zwischen Lehrern und Eltern sowie Schülern.

Bens Vater verhält sich vollkommen distanzlos gegenüber einer erwachsenen Respektsperson, offenbar hat er jede Regel menschlichen Miteinanders vergessen und ist einfach nur darauf aus, der Lehrerin seinen Willen aufzuzwingen, wobei das Spezielle an der Situation ist, dass er tatsächlich gleichzeitig seinen und Bens Willen durchsetzt. Hier liegt auch das Geheimnis des aus dem Ruder laufenden Schülerverhaltens. Ben hat von seinen Eltern nie gespiegelt bekommen, dass es nicht immer nur um seinen Willen geht, sondern er sich als soziales Wesen gegenüber seinem Umfeld respektvoll verhalten sollte. Er sieht ausschließlich sich, so wie er es von daheim gewöhnt ist, und ist vollkommen überzeugt davon, sich ganz normal zu verhalten.

Es ist wichtig, sich das vor Augen zu halten, wenn man ein solches Schülerverhalten beurteilt. Bens Beweggründe sind nicht irgendwelche dunklen Gedanken in seinem Kopf, sondern die Tatsache, dass ihm sein Verhalten normal vorkommt. Derartiges Verhalten hat fast immer zum Hintergrund, dass die Kinder daheim ihre Eltern nicht als Erwachsene und damit auch als natürliche Grenze für ihr Verhalten erleben, sondern als Verbündete, die alles dafür einsetzen, damit ihr Kind jeden Wunsch und jede Vorstellung erfüllt bekommt. Wenn ein 14-Jähriger wie Ben sich auf diese Weise benimmt, ist das ein Zeichen dafür, dass er Zeit seines jungen Lebens mit der Erfahrung aufgewachsen ist, dass er der Mittelpunkt der Welt ist und im Zweifelsfall Papa und Mama durchsetzen, was er nicht auf Anhieb bekommt.

Bens Eltern sehen in ihrem Sohn nicht das Kind, das lernen muss, sich als eigenständiges Wesen in seinem sozialen Umfeld zu bewegen, sondern nehmen ihn als Verlängerung ihres eigenen Egos wahr. Bens Vater kann das Falsche im Verhalten des Jungen nicht erkennen, weil er ja selbst der Überzeugung ist, dass die Lehrerin sich unrechtmäßig verhält. Indem diese also Ben das »falsche« Tier zuweist und ihn anschließend scheinbar in seinem Protest nicht ernst nimmt, nimmt sie mittelbar den Vater selbst nicht ernst und lässt diesen nicht entscheiden, über welches Tier referiert werden soll.

Es ist nicht schwer, im Beispiel von Bens Vater das Phänomen zu erkennen, das heute meist unter der Bezeichnung »Helikoptereltern« läuft. Oft zieht sich dieses Verhalten bis weit über die Schulzeit hinaus. Eltern werden dann bei Vorstellungsgesprächen für Ausbildungen und Jobs vorstellig oder besuchen die Erstsemesterveranstaltungen an den Universitäten. Ersteres kann dann so aussehen, wie bei dem 18-Jährigen, der Kaugummi kauend und mit dunkler Sonnenbrille bewehrt an der Seite seiner Mutter ein Bistro betrat. Auf die Frage der Inhaberin, ob sie helfen könne, antwortete die Mutter, ihr Sohn interessiere sich für einen Schülerjob im Service, ob er in den nächsten Tagen anfangen könne. Dem sonnenbebrillten Jugendlichen kam während des kurzen absurden Dialoges zwischen Mutter und Inhaberin kein einziges Wort über die Lippen. Den Job gab es natürlich nicht, und wenn es sich bei der Szene um einen Einzelfall gehandelt hätte, wäre er wohl unter Kuriosa abzuheften gewesen. Gleichwohl: Die

Inhaberin dieses Bistros – und nicht nur sie – kann von solchen Gesprächen gleich im Dutzend berichten. Immer wieder werden Jugendliche von ihren Eltern in solchen Situationen quasi vorgeführt, ohne dass einer der beiden Seiten die Absurdität des Ganzen auch nur ansatzweise bewusst wird. Ben und sein Vater sind auf dem besten Wege, genau solch ein Duo infernale zu werden.

Seit Jahren schon ist dieses Phänomen in den Ausbildungsbetrieben und den Universitäten angekommen. Das hat auch damit zu tun, dass es im Bereich Schule häufig nicht opportun erscheint, überhaupt darüber zu sprechen. Entweder werden entsprechende Vorfälle zu Einzelfällen heruntergeredet oder man weigert sich ganz generell, die Problematik anzuerkennen, weil man befürchtet, als pädagogisch rückständig zu gelten, wenn Schülern klare Grenzen aufgezeigt werden.

Dabei geht es letztlich gar nicht so sehr um das berühmte Grenzensetzen, sondern darum, dass Schüler ihre Lehrer wieder als abgegrenztes Gegenüber erleben, an dem sie sich orientieren können. Auch Bens Verhalten ist auf gewisse Weise ein stummer Schrei nach Orientierung. Mit dem abschließenden Einknicken vor seinem Vater lässt die Lehrerin diesen Schrei ungehört verhallen und bestätigt beide, Vater und Sohn, in ihrem Verhalten.

Ben ist nicht allein – wie der Alltag einer Lehrerin aussieht

Es ist ein offenes Geheimnis, dass viele Abiturienten, die sich mit dem Gedanken tragen, Lehrer zu werden, mit dem Beruf des Grundschullehrers liebäugeln, weil sie die stille Hoffnung hegen, in den ersten vier Jahren auf der Schule seien die Kinder noch einfacher zu handhaben und nicht so anstrengend wie in den höheren Klassen. Diese Vorstellung erweist sich als Illusion. Das liegt nicht zuletzt auch daran, dass sich auf den Grundschulen fortsetzt, was Kitas und Kindergärten seit vielen Jahren beklagen. Gerade hinter den noch jungen Kindern stehen häufig Eltern, die jede Intuition dafür, wie man mit Kindern umgeht, verloren haben. Da wird das eigene Kind gnadenlos idealisiert. Das Lehrpersonal an den Grundschulen bekommt zu spüren, was das bedeutet: so wie Nina, Lehrerin an einer Hamburger Grundschule, die aus ihrem Alltag berichtet.

»Ich bin seit zehn Jahren Lehrerin an einer Grundschule in einem Hamburger Stadtteil, den man wohl als gutbürgerlich bezeichnen würde. Ich kann guten Gewissens sagen, dass ich aus Überzeugung diesen Beruf gewählt habe. Ich wollte etwas Sinnvolles tun, keinen reinen Bürojob haben und der Gesellschaft etwas geben. Was konnte es da Besseres geben, als Lehrerin zu werden? Die Arbeit an einer Grundschule schien mir von Beginn an die Ideallösung, und auch heute noch ist es an der Mehrzahl der Tage so, dass ich Freude empfinde, diesen Beruf ausüben zu dürfen. Auf der anderen Seite hat die Zahl der Tage, an denen das nicht der Fall ist, erheblich zugenommen.

Dabei muss ich betonen, dass das Anstrengendste an meiner Arbeit nach wie vor nicht die Kinder sind. Der Schulalltag mit ihnen macht mir meistens Spaß, und die Illusion, dass der Unterricht einer Grundschulklasse das reinste Zuckerschlecken ist, hatte ich ohnehin von Beginn an nie.

Was jedoch immer belastender wird, ist das ganze Drumherum. Der enorm gestiegene Dokumentations- und Verwaltungsaufwand, die Vielzahl an Gesprächen und Konferenzen mit Schulleitung und Kollegium sind ein Punkt, der allein durch den gestiegenen Zeitaufwand nervenaufreibend ist und mir Energie für die Arbeit mit den Schülern raubt. Der extremste Punkt jedoch sind die Eltern.

Wenn der Tag und die Woche ohnehin anstrengend waren, es viel Arbeit mit den Kindern gab, viel Klärungsbedarf mit Kollegen, so kann ich immer sicher sein, dass irgendein Elternteil um die Ecke kommt und dem Ganzen die Krone aufsetzt.

Dabei ist es sehr wichtig, dass ich funktioniere, denn schon eine kurze unkonzentrierte Phase von ein paar Tagen kann so viel zusätzliche Arbeit erzeugen, dass diese kaum noch zu schaffen ist. Die Vielzahl der Burn-out-Phänomene bei Kollegen fällt wahrhaftig nicht vom Himmel, sondern ist hausgemacht.

Wovon ich mich zu Beginn meiner Lehrerkarriere als Erstes verabschiedet habe, war die Vorstellung, es allen recht machen zu können und überhaupt alles richtig zu machen. Das lässt dieser Beruf einfach gar nicht zu. Jeden Tag sitzen 24 ganz unterschiedliche Kinder vor mir und verlangen meine volle Aufmerksamkeit. Jedes dieser Kinder hat einen anderen Hintergrund, jedes hat andere Bedürfnisse, Vorkenntnisse und Eigenheiten. Als einzelne Lehrerin ist es mir unmöglich, auf jedes Kind so einzugehen, wie es notwendig wäre und wie es die Kinder eigentlich auch verdient haben. Immerhin bin ich als ihre Grundschullehrerin nach den familiären Bezugspersonen die wichtigste Figur in ihrem jungen Leben.

Die Voraussetzungen, mit denen die Kinder kommen, sind jedoch bereits so unterschiedlich, dass ich allein nicht jeden Schüler so fördern kann, wie ich es gern machen würde. Natürlich gibt es rundherum zusätzliche Förderangebote, aber die Heterogenität der Gruppe und ihrer Kenntnisse ist mittlerweile so groß, dass es immer schwieriger wird, der ganzen Klasse einheitliche Angebote zu machen. Ein Beispiel dafür ist die Lesefähigkeit. Es gibt immer diejenigen Erstklässler, die bereits in der Lage sind, ihre Vorlesebücher oder sogar schwierigere Texte selbst zu lesen. Auf der anderen Seite stehen die, die selbst mit einzelnen Wörtern lange Zeit Schwierigkeiten haben, weil sie beispielsweise nicht in der Lage sind zu hören, mit welchem Vokal ein Wort beginnt.

Hört man sich allerdings bei den Eltern um, kann man sich eigentlich nur darüber wundern, dass es diese Leistungsunterschiede überhaupt gibt. Denn aus Sicht der meisten Eltern ist ihr Kind so begabt, dass es mindestens eine Klasse sofort überspringen sollte. Das Zauberwort der letzten Jahre heißt ›hochbegabt‹. Wenn die Zahl der hochbegabten Kinder in den Grundschulen tatsächlich so groß wäre, wie Eltern uns Lehrer glauben machen wollen, müsste unserer Gesellschaft eine goldene Zukunft bevorstehen. Lauter Wissenschaftler, Juristen, Ärzte, Künstler und Ingenieure, die bereits kurz nach dem Verlassen der Schule auf allen Gebieten Höchstleistungen erbringen werden. Wundervoll!

Natürlich ist das nicht der Fall, aber bringen Sie das mal Vätern und Müttern bei, die bereits während der Kindergartenzeit zu der felsenfesten Überzeugung gelangt sind, einen kleinen Einstein oder eine kleine Marie Curie in die Welt gesetzt zu haben. Ich habe regelmäßig auf dem ersten Elternabend Paare vor mir sitzen, die ihr Kind bereits vor Schuleintritt einem IQ-Test unterzogen haben und mir mit stolzgeschwellter Brust mitteilen, dass Adrian oder Juliana in Mathe eine Hochbegabung aufweist und unbedingt dementsprechend individuell gefördert werden müsse. Wir alle wissen, dass die Zahl der tatsächlich hochbegabten Kinder überschaubar ist, auch wenn es sie natürlich tatsächlich gibt. Aber erklären Sie das mal dem Vater, der sich seiner Sache hundertprozentig sicher ist und von dieser Haltung natürlich nicht ablassen wird, allein schon, weil ja er als Vater diesen Einstein produziert hat.

Nun könnte man versuchen, über diese krassen Fehleinschätzungen elegant hinwegzusehen, immerhin können ja die Kinder nichts für die verschobene Weltsicht ihrer Eltern. Allerdings bekomme ich das Ergebnis dieser Weltsicht in der Regel schon kurze Zeit später im Unterricht zu spüren. Die Kinder stören den Unterricht, weil sie nie gelernt haben, sich in die Gruppe einzuordnen und Anweisungen des Lehrers oder der Lehrerin entgegenzunehmen und dann auch einfach auszuführen. Sie sind überzeugt davon, dass es nach ihrer Nase laufen muss, immerhin bekommen sie daheim genau das ständig gespiegelt.

Kommt es zu diesen Problemen – und dazu kommt es so gut wie immer –, ist es aus Sicht der Eltern meine Schuld, was mir in den anstehenden Elterngesprächen dann auch häufig sehr deutlich kommuniziert wird. Das Maß an fehlender Sozialkompetenz in Gesprächen, das da bei in der Regel akademisch gebildeten Menschen zutage tritt, ist enorm.

Als Lehrerin habe ich leider in zunehmendem Maße das Gefühl, für viele Eltern der Feind zu sein anstatt Ansprechpartnerin für die schulischen Belange ihrer Kinder, und ich weiß, dass viele Kollegen und Kolleginnen das ähnlich empfinden. Natürlich trifft das nie auf ›alle‹ Eltern zu, mit vielen besteht ein gutes und produktives Verhältnis. Allerdings ist die Zunahme solcher Vorkommnisse besorgniserregend, und für den einzelnen Lehrer hängt es dann oft auch noch davon ab, wie viel Unterstützung er von der Schulleitung bekommt. Je nach Status und Aggressivität der fraglichen Eltern erlebt man auch Leitungskräfte ohne Rückgrat, die lieber der Auseinandersetzung mit den Eltern aus dem Weg gehen, als ihren Lehrern den Rücken zu stärken.

Elternabende und Elternsprechtage sind für viele Lehrer eine solche Stresssituation, dass nicht wenige von ihnen gesundheitliche Probleme in Form von Schlafstörungen oder Magenproblemen haben, wenn ein solcher Termin mal wieder ansteht. Auch der Gebrauch von Beruhigungsmitteln kommt vor sowie der ›Klassiker‹, Nervenberuhigung durch Alkohol. Besonders an den Elternsprechtagen fällt mir persönlich dann wieder auf, wie viele hochbegabte Kinder ich offenbar jeden Tag in der Schule übersehe, denn fast in jedem zweiten Gespräch ist davon die Rede, dass der Schüler oder die Schülerin doch nur deshalb Probleme mache, weil er oder sie von mir chronisch unterfordert würde. Bisweilen bleibt es auch nicht beim unangemessenen Sprechen über die Kinder, sondern es fallen explizite Beleidigungen gegen meine Person oder auch gern mal gegenüber Kollegen. Das offensichtliche Fehlen jeglicher Kinderstube bei vielen Eltern ist immer wieder gleichzeitig faszinierend und erschreckend.

Natürlich bin ich nicht perfekt, ich mache genauso Fehler wie jeder andere Mensch auch. Bei vielen Eltern habe ich das Gefühl, sie warten nur auf diese Fehler, um anschließend direkt bei der Schulleitung vorstellig zu werden und sich über die unfähige Lehrerin zu beschweren, die ihrem Kind das Leben schwer macht. Natürlich spielt das digitale Zeitalter den Eltern hier zusätzlich in die Karten, denn eine Mail ist immer schnell zwischendurch geschrieben und abgeschickt, während früher zumindest noch die Notwendigkeit eines Termines beim Direktor oder das handschriftliche Verfassen eines Briefes eine Hürde darstellte, die dazu führen konnte, dass sich das Gemüt erst mal wieder beruhigte. Heute wird dann gern aus allen Rohren gefeuert: Wenn die Mail an die Schulleitung raus ist, geht es in die WhatsApp-Gruppe der Elternschaft, und man informiert die anderen Eltern über die Verfehlungen, die Herr oder Frau XY sich nun wieder geleistet hat. Das sorgt aufseiten der Lehrer nicht zuletzt auch für ein dauerhaft hohes Stresslevel, weil man sich nie sicher sein kann, welcher vermeintlich kleine Lapsus nun wieder zum Anlass für eine hitzige Diskussion genommen wird.

Natürlich muss ich in solchen Fällen trotzdem höflich bleiben und unter Beweis stellen, dass zumindest ich die Bedeutung des Wortes ›Umgangsformen‹ kenne. Dass einem das nicht immer leichtfällt, dürfte nachvollziehbar sein. Eine Alternative gibt es jedoch nicht, wenn man die Situation nicht eskalieren lassen möchte. Diese Auseinandersetzungen kosten nicht nur Zeit und Nerven, sie frustrieren mich auch, weil dabei untergeht, mit wie viel Einsatz ich jeden Tag unterwegs bin, um den Kindern hochwertigen Unterricht angedeihen zu lassen.

Mir ist durchaus bewusst, dass man meine Ausführungen als »Jammern auf hohem Niveau« bezeichnen könnte, und wie ich bereits erwähnte, ist es nicht so, dass mein Beruf mich vollständig frustriert. Ich habe weiterhin viel Spaß daran, mit den Kindern zu arbeiten, und ich freue mich auch über all die kooperativen und freundlichen Eltern, die ich auch immer wieder erleben darf. Diese Momente helfen dann häufig auch über die Traurigkeit hinweg, die mich manchmal überkommt, wenn meine Bemühungen und meine Leistungen bewusst abgewertet werden.«

Der Bericht der Lehrerin ist hier deshalb so ausführlich wiedergegeben, weil er zeigt, dass Eltern im System Schule einen nicht zu verachtenden Brandherd darstellen, mit dem das

System einen anderen Umgang finden muss, was in der Folge den Lehrern in kurzer Zeit erheblich verbesserte Arbeitsbedingungen bieten würde. Dazu müsste in den heute allerorten präsenten Schulprogrammen und -ordnungen zunächst mal einfach nur explizit auf die Rolle der Eltern eingegangen und diese definiert werden. Das würde zwar da und dort zu einem Aufschrei führen. Aber es geht tatsächlich darum, den Baustein »Eltern« dort in das System einzufügen, wo er zwar tragende Funktion haben kann, aber nicht das gesamte Gebäude bestimmt.

Was hier passiert, ist Folgendes: Zwei gegenläufige Entwicklungen treffen in fataler Weise aufeinander. Eine dieser Entwicklungen ist die, dass Eltern in immer höherem Maße dazu tendieren, die Betreuung ihrer Kinder abzugeben. Ein regelrechter Outsourcing-Trend ist entstanden, den Kitas, Kindergärten und Schulen auffangen und umsetzen sollen. Der Trend zur Ganztagsbetreuung schon der Jüngsten in der Kita ist ungebrochen und setzt sich im Schulsystem fort. Natürlich stehen dahinter gesellschaftliche Entwicklungen, wie etwa die zunehmende Vollzeitberufstätigkeit von Müttern auf der einen und die immer noch mangelnde Bereitschaft vieler Väter, beruflich aufgrund eines Kindes zurückzustecken, auf der anderen Seite.

Fakt ist indes, dass die Erwartungshaltung der Eltern in Bezug auf Schule heute nicht nur die Vermittlung des Unterrichtsstoffes beinhaltet, sondern auch erhebliche Erziehungsleistungen einschließt, die eigentlich in die Familien gehören. Dieser Entwicklung steht diametral diejenige entgegen, von der im Bericht der Lehrerin schon ausführlich die Rede war. Obwohl die Eltern die Kinder auslagern, wollen sie volle Kontrolle behalten und maßregeln Kita-Erzieherinnen und Lehrer bei jeder vermeintlichen Abweichung vom Idealprogramm. Dabei würde die Abgabe von Verantwortung an eine externe

Institution wie Schule gerade ein erhöhtes Maß an Vertrauen voraussetzen, wenn das Ganze denn einigermaßen funktionieren soll.

Dieser Zwiespalt zeigt auch, wie sehr gerade die Lehrerschaft zwischen den Mühlsteinen des Systems zerrieben wird. Der einzelne Lehrer hat kaum Möglichkeiten, Veränderungen einzuleiten. Die Strippenzieher sitzen in der Politik, in den Universitäten und auf verschiedenen Verwaltungsposten. Der Lehrer ist letztlich immer nur ausführendes Organ und kann sich jeden Tag aufs Neue überlegen, ob es sich lohnt, sich über all die Unzulänglichkeiten aufzuregen, oder ob man zur Abwechslung das eigene Nervenkostüm mal schont und im Schmalspurmodus Dienst nach Vorschrift macht. Letzteres widerspricht eigentlich organisch dem pädagogischen Impetus und dem Idealismus, den wohl fast jeder Lehrer zu Beginn seiner Laufbahn verspürt. Beides jedoch wird im Laufe eines Lehrerlebens so hart geschliffen, dass oft nach einer gewissen Zeit kaum noch etwas übrig ist.

Das Phänomen »Eltern«, ganz egal ob wir von Helikopter-, Rasenmäher- oder sonstigen überbesorgten Eltern sprechen, wirft die Frage auf, inwieweit eine Institution wie Schule, die so extrem unter gesellschaftlichen Phänomenen zu leiden hat, sich Autonomie verschaffen kann und diese Phänomene zwar nicht ignorieren, sie aber zumindest nicht so nahe an sich herankommen lassen kann, dass sie einen geordneten Schulbetrieb in immer stärkerem Maße unmöglich machen.

Wie bereits angedeutet, wäre dazu eine exaktere Definition der Elternmitwirkung in den jeweiligen Schulprogrammen ein möglicher Ansatz. An verschiedenen Grundschulen ist man mittlerweile zumindest auf die Idee gekommen, rund um die Schule eine Zone zu definieren, in der die Eltern nicht mehr mit dem Auto halten dürfen, um die Kinder vorzufahren. Das stoppt immerhin den Trend, dass die Schüler mit dem SUV quasi bis vor die Klassentür gebracht werden. Der Umstand, dass es Kindern zwischen sechs und zehn Jahren zumutbar ist, ein paar Meter bis zur Schule zu laufen, schien in den letzten Jahren doch stark aus dem Blickfeld vieler Eltern gerückt zu sein. Natürlich lief auch das vielerorts nicht ohne die heute üblichen Maßnahmen ab, mit denen diese »harte« Entscheidung vor allem den Eltern schmackhaft gemacht werden sollte. An einigen Schulen widmete man die Punkte, bis zu denen die Kinder maximal gebracht werden durften, beispielsweise zu sogenannten »*kiss and go*«-Zonen. Das klingt eben irgendwie netter, als wenn rund um die Schule eine »Elternverbotszone« existiert, obwohl genau das intendiert ist.

Vor vielen Schulen haben sich durch diese Angewohnheit einer steigenden Zahl von Eltern jeden Tag gefährliche Situationen gebildet, in denen nicht zuletzt auch die Kinder zu Schaden kommen konnten, weil die Verkehrssituation chaotisch und unübersichtlich war. Wer ein Symbolbild für »Helikoptereltern« braucht, kann es jeden Tag vor diversen Grundschulen sehen.

Vor dem Hintergrund all dieser Vorkommnisse wäre es wünschenswert, dass entwicklungspsychologische Fakten sehr viel stärker ihren Platz in der Lehrerausbildung finden würden, um einerseits auf die Verhaltensauffälligkeiten auf Schülerseite vorzubereiten und andererseits das Benehmen vieler Eltern besser einordnen zu können. Ausschließlich mit offenen pädagogischen Modellen zu reagieren, die den Lehrer weitgehend aus der Beziehung zum Schüler herausnehmen, ist jedenfalls keine Lösung. Darüber hinaus wäre es sinnvoll, wenn Lehrer Eltern die beschriebenen Verhaltensweisen stärker spiegeln würden, also beispielsweise in Elterngesprächen auch entsprechendes Fehlverhalten auf Elternseite ansprechen. Das geht natürlich nur, wenn sich Lehrer dabei der Rückendeckung durch Schulleitung und auch Kollegen sicher sein können. Auf verlorenem Posten als Einzelkämpfer dieses Rückgrat zu beweisen, ist für die meisten kaum durchführbar und kann Grund für Burn-out und Schlimmeres sein.

Für viele Eltern dürfte eine solche Unterstützung von Lehrerseite ein echtes Aha-Erlebnis sein, denn nicht in jedem Fall ist die Verschmelzung zwischen Eltern und Kindern so extrem wie bei Ben und seinem Vater. Die meisten Eltern handeln unbewusst, wenn sie ihren Kindern keinen Freiraum für ihre Entwicklung gewähren. Sie merken kaum, dass sie im Grunde ständig für ihr Kind denken und handeln. Ich habe es in Elterngesprächen selbst erlebt, dass man Dankbarkeit und Erleichterung erntet, wenn man als Lehrer anspricht, dass es dem Schüler guttun würde, wenn er nicht von morgens bis abends umsorgt würde und sich nicht um nichts selbst kümmern müsste. Natürlich ist es vom Alter des Kindes abhängig, was dieses »nicht umsorgen« genau heißt. Aber für manche Eltern ist es tatsächlich eine unglaubliche Entlastung, wenn sie begreifen, dass sie beim Vorstellungsgespräch des 18-Jährigen für den Schülerjob nicht mitgehen müssen, dass sie das Plakat oder die Powerpointpräsentation ihres 15-jährigen Kindes nicht selbst entwerfen müssen und dass ein Grundschulkind nicht mit dem SUV bis vor die Klassenzimmertür gefahren werden muss.

Die Helikoptereltern, die ihre Kinder nicht zur Entfaltung kommen lassen, sind die eine Seite der Medaille. Die andere sind diejenigen Elternhäuser, in denen Kinder gar nicht auf Unterstützung zählen können. Auch hier haben wir die Coronazeit als Lupe erleben müssen. Als plötzlich alle Kinder gezwungenermaßen durch das Distanzlernen komplett aus der persönlichen Beziehung zu ihren Lehrern raus waren, zeigte sich in bisweilen brutaler Manier, welche Kinder auf Unterstützung im Elternhaus zählen konnten und welche nicht. Da auch viele Lehrer mit der Organisation des Homeschoolings latent überfordert waren, riss in vielen Fällen die Kommunikation zwischen Schule und Schüler komplett ab, dazu kamen in manchen Fällen Probleme mit der technischen Ausstattung im Elternhaus. Veraltete Hardware, langsame Internetverbindungen sowie Probleme im Umgang mit den Lernplattformen führten dazu, dass Aufgaben nicht erledigt wurden, die Teilnahme an Videokonferenzen verpasst wurde oder Kinder gleich das Gefühl hatten, dass nun erst mal Ferien ohne Zeitbegrenzung angebrochen seien.

Im Grunde bedarf es an allen Schulen mit Rückkehr der Normalität von dauerhafter Präsenzbeschulung einer intensiven Analyse, welche Probleme im Distanzlernen bei welchem Schüler aufgetaucht sind. Eine bessere »Studie« wird man dazu nicht bekommen, denn schonungsloser als durch Corona sind viele Schwachstellen im System Schule nie aufgezeigt worden. Es bestünde die Chance, gezielt Fördermaßnahmen in die Wege zu leiten, um diejenigen Schüler, die ganz offensichtlich daheim keine Unterstützung bekommen, nicht durch das Sieb rutschen zu lassen.

Ob man es wahrhaben will oder nicht, ist diese Frage auch mit der Migrationsthematik verknüpft. Für die Kinder aus bestimmten migrantischen Milieus war es vor Corona schon schwierig, ihre eigentliche Leistungsfähigkeit »auf den Boden zu bringen«, die gesellschaftliche Isolierung der Familien, sei sie nun selbst gewählt oder durch die Umstände bedingt, hat dazu geführt, dass der Abstand noch größer geworden ist. Auch die Versäumnisse der Integration auf beiden Seiten sind durch die Krise noch augenfälliger geworden. Hier müssen Schulen aufpassen, dass die Kluft zwischen diesen Milieus und Einheimischen nicht noch größer und damit immer schwerer überwindbar wird.

Aufseiten der Eltern haben in diesem Bereich die durch die Pandemie notwendig gewordenen Kontaktbeschränkungen zum Teil zu einer weiteren Verschärfung der Absonderung von der Gesellschaft geführt. War zuvor zumindest über Vereine, Gruppen, Arbeitsstätten eine gewisse Durchmischung mit der Mehrheitsbevölkerung da, so wurde diese mit dem Verbot des Treffens größerer Gruppen und der großflächigen Durchsetzung des Homeoffice stark abgeschwächt. Auch die Schüler laufen Gefahr, durch den fehlenden Kontakt zu ihren hiesigen Altersgenossen wieder stärker in die zum Teil stark abgekapselten Milieus ihrer Familien zurückzufallen.

Wenn der Lehrer Luft für die Schüler ist

Die vielleicht interessantesten Minuten meiner Lehrerkarriere erlebte ich jeden Mittwoch zwischen 7.00 Uhr morgens und 7.30 Uhr. In dieser Zeit war ich zur regelmäßigen Frühaufsicht eingeteilt, ein eigentlich unspektakulärer Vorgang, immerhin gilt es für jeden Lehrer, zu bestimmten Zeiten Aufsicht auf dem Pausenhof oder an anderen neuralgischen Punkten des Schulgeländes zu führen.

Ich fand mich also pünktlich um 7.00 Uhr auf dem Flur eines der drei Schulgebäude ein, der zu meinem Aufsichtsort bestimmt war. Genauer gesagt war es eine Art Türwache. Eine große zweiflügelige Glastür führte von diesem Flur in ein Treppenhaus, das wiederum einerseits den Schülerstrom in Richtung der Klassen- sowie Fachräume und der davorliegenden Flure verteilte, andererseits aber auch Zugang zum Lehrerzimmer in diesem Gebäudeteil gewährte. Diese Tür hatte bis exakt 7.30 Uhr geschlossen zu bleiben, damit sich die Schülermassen nicht bereits lange vor dem Unterrichtsbeginn um 7.45 Uhr durch das ganze Gebäude verteilen und das Lehrerzimmer belagern konnten.

Während ich auf meinem morgendlichen Türsteherposten verweilte, liefen nach und nach die Schüler ein, die anschließend in diesem Gebäudeteil Unterricht haben würden. Die einen kamen peu à peu einzeln oder in Kleingruppen zu Fuß oder mit dem Fahrrad, die anderen wurden gruppenweise von den Schulbussen ausgespuckt, die Schüler aus den verstreut um die Kleinstadt herumliegenden Dörfern und Siedlungen in die Bildungsstätte brachten. Ab etwa 7.15 Uhr wurde es also voll auf dem Flur, während ich gut sichtbar für alle vor der Tür stand.

Nachdem ich diese Aufgabe einige Wochen ausgeführt hatte, stellte ich einige sehr irritierende Auffälligkeiten fest. Obwohl jeder Schüler, der sich dem Türbereich näherte, mich zwangsläufig sehen musste, grüßte kaum einer. Viele blickten einfach stumpf vor sich hin, doch auch diejenigen, die mich anblickten, blieben weitgehend stumm. Natürlich bestätigten auch hier Ausnahmen die Regel, und das eine oder andere fröhliche oder auch gequälte »Guten Morgen, Herr Tergast« war zu hören. Die überwiegende Mehrheit jedoch: stumm wie ein Fisch.

Als ob das noch nicht merkwürdig genug war, steigerte sich mein Stirnrunzeln in dem Moment, in dem ich einzelne Schüler von mir aus grüßte. Auf »Guten Morgen, Tom«, »Moin, Sandra« oder »Hallo, Vitali« reagierte der größte Teil der Angesprochenen ausgesprochen verstört. Offenbar wurde ihnen erst in diesem Moment bewusst, dass da an der Tür ein Mensch stand, der versuchte, mit ihnen in Kontakt zu treten. Ein Außerirdischer wäre wohl kaum mit größerer Irritation angestarrt worden, als es mir bei vielen der Schüler geschah.

Nun war ich zu diesem Zeitpunkt mit Sicherheit noch nicht lange genug an der Schule, um als Lehrer für nachhaltige Verstörung in Schülerseelen gesorgt zu haben und dies als Begründung anzunehmen, dass niemand mit mir in Kontakt kommen wollte. Ich beobachtete die Situation weiter, fand sie Woche für Woche bestätigt und brachte sie schließlich in Verbindung mit einem ähnlich gelagerten Phänomen, das ich ebenfalls regelmäßig erlebte und das wohl so ziemlich jeder Lehrer ebenfalls beschreiben könnte. Gemeint ist der Stundenbeginn vor der Klasse. Wenn Sie, lieber Leser, in den 40ern oder älter sind, erinnern Sie sich an Ihre eigene Schulzeit. Vor Beginn der Stunde herrschte im Klassenzimmer stets Unruhe, Schüler liefen durcheinander, man quatschte lauthals miteinander, und die, die sich in Ruhe auf den Unterricht vorbereiten wollten, hatten schon immer das Nachsehen. In dem Moment jedoch, in dem der Lehrer den Raum betrat, war in der Regel sehr schnell Ruhe. Das hatte damit zu tun, dass wir als Schüler eine Zustandsveränderung im Raum wahrgenommen hatten: Mit Lehrer hatte der Raum einen anderen Aggregatzustand als ohne, mit ihm hatte die Person den Raum betreten, an dem wir uns für die nächsten mindestens 45 Minuten auszurichten hatten.

Heute sieht das häufig anders aus. Der Aggregatzustand bleibt exakt der gleiche, egal ob der Lehrer im Raum ist oder nicht. Die Geräuschkulisse ändert sich kaum, Schüler rennen weiterhin quer durch den Raum oder beschäftigen sich mit diversen unterrichtsfremden Dingen. Stellt man sich in solch einer Situation ans Lehrerpult vor die Klasse, ohne ein einziges Wort zu sagen, kann es schon mal bis zu fünf Minuten dauern, bis auch der letzte Schüler wahrgenommen hat, dass im Raum eine Veränderung stattgefunden hat, wobei auch jetzt ein Teil der Schüler es nur wahrnimmt, weil Mitschüler sie darauf aufmerksam gemacht haben.

Wahrnehmung. Oder: Is was, Pauker?

Die beiden gerade beschriebenen Situationen zeigen ein Phänomen, das nicht ausschließlich auf den Kosmos Schule beschränkt ist, hier aber ungleich stärker auffällt und wirkt. Das Problem der scheinbar unerzogenen oder verhaltensgestörten Schüler ist zu einem großen Teil ein Wahrnehmungsproblem.

Deutlicher gesagt: Obwohl der Lehrer als Respekts- und Orientierungsperson physisch anwesend ist, sieht ein großer Teil der Schüler ihn nicht. Überspitzt formuliert: Stiege der Lehrer in diesem Moment nackt aufs Lehrerpult und begänne zu tanzen, würde das immer noch von einem Teil der Klasse nicht bemerkt (der andere Teil würde es vermutlich filmen und auf YouTube hochladen) und könnte anschließend nicht einmal daheim erzählt werden.

»Als Lehrer bist du Luft für die, völlig uninteressant, ob du anwesend bist oder nicht«, so beschreibt es der Englischlehrer Markus in einem Gespräch, »selbst wenn du in diesem Moment laut wirst, ignoriert dich noch ein Teil der Klasse.« Abgesehen davon, dass Lautstärke von Schülern häufig eher als Schwäche denn als Stärke oder Dominanz empfunden wird, haben wir es hier mit einem Phänomen zu tun, das einen nicht unerheblichen Teil der Schwierigkeiten erklärt, der in der schulischen Kommunikation auftaucht.

Kommunikation kann nur funktionieren, wenn Sender und Empfänger auf der gleichen Welle funken, ein sinnvolles Gespräch entsteht nur dann, wenn die Rollen von Sender und Empfänger wechselweise getauscht werden und beide in ihren Rollen eindeutig sind. Damit all das klappen kann, müssen die beteiligten Personen sich gegenseitig wahrnehmen. Wahrnehmen bedeutet in diesem Fall, sich der Präsenz des jeweils anderen gegenwärtig zu sein, seine Äußerungen, sowohl verbal als auch nonverbal, zu registrieren, zu deuten und adäquat darauf zu reagieren.

Wahrnehmung führt auf diese Weise zu Interaktion zwischen Individuen, während wir es heute häufig nur noch mit Aktion als Einbahnstraße zu tun haben. Während die einen Interaktion suchen, aber aufgrund der fehlenden Rückmeldung des Empfängers scheitern müssen, verweigern die anderen von vornherein jegliche Anbahnung von Kommunikation und verbleiben im Grunde im Dauersendebetrieb, ohne sich für Rückmeldung zu interessieren. In diesem Zustand einer Wahrnehmungsverweigerung befindet sich heute eine steigende Zahl von Schülern und sprengt damit jede Möglichkeit von sinnvoller Unterrichtskommunikation.

Dieses Problem zu erkennen, ist deshalb so wichtig, weil daraus folgt, dass ein Großteil der gut gemeinten und vom Lehrer mit viel Engagement eingesetzten modernen Unterrichtsmethoden von vornherein zum Scheitern verurteilt ist, weil ihm ein wesentlicher Bestandteil zum Gelingen fehlt: die Interaktion mit den Schülern.

Damit jedoch nicht genug. Anstatt sich dieser Problematik bewusst zu werden und darüber nachzudenken, wie ihr zu begegnen ist, stößt die moderne Unterrichtslehre noch tiefer in die Wunde und entwirft Konzepte, die letztlich den Rückzug des Lehrers aus der Unterrichtssituation zum Inhalt haben. Damit ist selbstverständlich nicht gemeint, dass Schüler kein selbstständiges Arbeiten und Lernen erlernen sollen. Das sollen und müssen sie, aber eben nicht mit der Holzhammermethode, nach der schon für sechs- bis zehnjährige Grundschüler der Lehrer nur noch ein Lernbegleiter sein soll, der dafür verantwortlich ist, dass die Kinder ein Angebot bekommen, und dann Ansprechpartner für Fragen ist.

Lehrer sind auf diese Weise gezwungen, sich aus der Beziehung zu ihren Schülern zurückzuziehen und diesen das weite Feld des Lernens weitgehend selbst zu überlassen. Hier fehlt in vielen Unterrichtskonzepten mittlerweile jedes vernünftige Maß, das solche Formen selbstständigen Arbeitens als Teil eines prinzipiell beziehungsorientierten Modells verstehen würde.

Dieser Umstand des beziehungslosen Lernens ist nicht ursächlich, begünstigt aber die Ausbildung von Wahrnehmungsschwierigkeiten beim Schüler. Wenn der Schüler von klein auf nicht mehr angehalten wird, sich am Lehrer zu orientieren: Wie soll er lernen, dass er sich in seinem Leben immer wieder in Situationen befinden wird, in denen ein sinnvolles Agieren nur MIT anderen und nicht ALLEIN möglich ist? Erschwerend kommt hinzu, dass der Trend zu dieser Beziehungslosigkeit auch im Bereich Kita und Kindergarten auffällig ist. Auch hier häufen sich die Konzepte, die die Rolle der Erzieherin eher im Hintergrund sehen. Unterstützt wird das noch vom erheblichen Fachkräftemangel im Primarbereich, der eine bessere Betreuung der immer länger in der Kita verweilenden Kinder ohnehin kaum noch erlaubt.

Beziehung und Wahrnehmung stehen in einem engen Verhältnis, negative Entwicklungen in diesem Bereich entstehen bereits als Kleinkind im Elternhaus. Je stärker einem Kind von Beginn an das Gefühl vermittelt wird, dass sich alles immer nur um es selbst dreht, desto eher wird es mit zunehmendem Alter Schwierigkeiten haben, andere Menschen angemessen wahrzunehmen. Was im Fall des Lehrers eben bedeuten würde, dass sich die Aufmerksamkeit des Schülers ganz generell auf ihn richtet, wenn dieser ihn anspricht, ob nun im Klassenverband oder außerhalb.

Darüber hinaus begünstigt die digitale Entwicklung solche Störungen der Wahrnehmung. Ich werde später noch ausführlicher im Kapitel über Digitalisierung darauf zu sprechen kommen, an dieser Stelle nur so viel: Mit dem Wahn, bereits sehr kleine Kinder im Übermaß digitalen Medien auszusetzen, fördern wir nicht ihre Medienkompetenz, sondern ihre Beziehungs- und Wahrnehmungsinkompetenz. Das kleine Kind, das von einem Tablet oder einem Smartphone »erzogen« wird anstatt von Eltern, Großeltern, Geschwistern, Erzieherinnen und Grundschullehrern, erlebt keine Beziehung zu einem menschlichen Gegenüber, das es innerhalb dieser Beziehung natürlich auch wahrnehmen muss. Es spiegelt sich im kalten

Display des digitalen Endgerätes nur noch selbst, und so wird auch im weiteren Leben vor allem das eigene Ich als zentraler Bezugspunkt erlebt. (Man ist fast geneigt, sich an dieser Stelle zu fragen, ob das Endgerät so heißt, weil es das Ende von realen Beziehungen bedeutet.)

Ohne Wahrnehmung des Gegenübers kein Lernerfolg

Die Bedeutung, die dem Aspekt der Wahrnehmung zukommt, wird bisher kaum erkannt oder unter anderen Begrifflichkeiten subsumiert, die jedoch den Kern dessen ignorieren, was eine Wahrnehmungsstörung für Schüler und Lehrer, und damit für das System Schule als Ganzes, wirklich bedeutet. Der Schüler, der den Lehrer nicht wahrnimmt, ist nicht der klassische Klassenkasper oder das einfach nur schlecht erzogene Kind. Diesem Schüler fehlt eine Brille fürs Gehirn. Jeder von uns hat schon mal erlebt, dass ein Mensch, den man angesprochen hat, auf diese Ansprache abwesend reagiert, so als ob man selbst gar nicht vorhanden wäre und auch nichts gesagt hätte. Meist ist dieser Mensch dann von einem anderen Gedanken so abgelenkt, dass er schlicht nicht mitbekommt, dass wir etwas zu ihm gesagt haben. Bei einer immer größeren Anzahl von Schülern müssen wir uns ihren Schulalltag weitgehend in dieser Weise vorstellen. Lehrer (und auch Mitschüler) sprechen mit ihnen, versuchen zu kommunizieren, das Gesagte kommt jedoch gar nicht erst in der Schaltzentrale an, es geht, wie das Sprichwort sagt, »zu einem Ohr hinein und zum anderen wieder heraus«, ganz so, als wenn dazwischen kein Empfangsgerät für verbale Signale mehr vorhanden wäre.

Das gilt ganz ähnlich auch für nonverbale Kommunikation. Solche Schüler haben häufig auch Probleme, emotionale Äußerungen anderer wie Ärger, Traurigkeit, Betroffenheit wahrzunehmen und zu deuten. Damit wäre beispielsweise auch ein Erklärungsansatz für die Zunahme körperlicher Gewaltanwendung im schulischen Bereich gegeben. Wer verbale oder nonverbale Äußerungen anderer nicht richtig wahrnimmt und zu deuten weiß, gerät schneller in eine (passiv-)aggressive Abwehrhaltung. Wenn dann noch das durch die moderne Elterngeneration verursachte Phänomen der totalen Ichbezogenheit dazukommt, muss jeder gut gemeinte Gesprächsversuch zunächst mal scheitern, der Schüler ist unerreichbar in sich selbst gefangen und unfähig, in einen echten Kommunikationsprozess einzutreten.

Mit dieser Unfähigkeit, sinnvoll zu kommunizieren, ist bei vielen Schülern auch der Lernerfolg gefährdet. Sie sind im Grunde mit dem Stoff allein und dadurch häufig beim Lernen überfordert.

Was Wahrnehmung und Beziehung miteinander zu tun haben

Der Umstand, dass viele Schüler am Unterrichtsstoff scheitern, weil ihnen Anleitung und Führung fehlen, ist in der Coronazeit erst recht deutlich geworden. Auch hier finden wir wieder den Brennglaseffekt dieser Krise. Das häufige Distanzlernen hat die Schüler zur Isolation im Homeoffice verurteilt und bereits bestehende Probleme des selbstständigen Lernens, gerade bei jungen Schülern, erheblich verstärkt.

Was dabei zu wenig Beachtung findet, ist die Tatsache, dass wir hier nur die Fortsetzung und Verschärfung dessen erleben, was vorher schon ein von Bildungsideologen gern verklärtes Problemfeld schulischen Lernens war. Es geht dabei um die Geringschätzung der Beziehung zwischen Lehrer und Schüler, die wiederum auch mit dem eben beschriebenen Wahrnehmungsproblem zusammenhängt.

Es ist schnell einzusehen, dass ein rein digitaler Kontakt zwischen Menschen nicht denselben Grad an Beziehung entstehen lässt wie ein persönliches Aufeinandertreffen. Zu fragen wäre in diesem Zusammenhang übrigens auch, wie sich die Beziehung im Distanzlernen hätte verbessern lassen, wenn man sich darüber ernsthaft Gedanken gemacht hätte. Denn hier hat sich an vielen Stellen gezeigt, dass ein Teil der Lehrer sich mehr oder weniger ganz aus dieser Beziehung zurückgezogen hat und seine Aufgabe mit dem Verschicken von Arbeitsblättern, die ohnehin seit Jahren in einem nachgelagerten Dateiordner vor sich hinschlummerten, als erfüllt ansah. Das war gerade für jüngere Schüler neben dem plötzlichen weitgehend selbstständigen Aneignen von Unterrichtsstoff das größte Coronaproblem. Natürlich haben viele Eltern versucht, dies so gut wie möglich im Homeschooling aufzufangen, doch bestehen zwischen der Beziehung Schüler-Lehrer sowie Kind-Eltern eben wesentliche Unterschiede.

Obwohl es viel Gejammer über Homeschooling und Distanzlernen gab, fiel kaum jemandem auf, dass damit letztlich, wenn auch ungeplant, nur ein Trend verstärkt wurde, der auch das Präsenzlernen in der Schule vielerorts problematisch macht. Gemeint ist der Rückzug des Lehrers aus der Beziehung zum Schüler.

Dieser Rückzug findet seit vielen Jahren auf verschiedenen Ebenen statt. Waren Stillarbeitsphasen, Gruppenarbeiten ohne Lehrer und ähnliche pädagogische Ideen viele Jahre hindurch eher als zeitweise Ergänzungen zum klassischen Unterricht gedacht, so haben sich die Verhältnisse mit den Jahren auf den Kopf gestellt. Frontalunterricht ist weitgehend verpönt, die meisten neueren pädagogischen Ansätze können der Vorstellung, dass ein Lehrer schlicht von Angesicht zu Angesicht mit der Klasse interagiert, wenig abgewinnen und setzen stattdessen auf vorgeblich hierarchiefreie Modelle, bei denen sich die Klasse im Lernen mehr oder weniger selbstständig organisiert und den Lehrer nur noch auf Abruf braucht.

Wer das kritisiert, gerät schnell in den Verdacht, in der Schule reine Befehlsempfänger produzieren zu wollen, und steht dann in Diskussionen auf verlorenem Posten, denn nichts schreckt die Deutschen so sehr wie das Gefühl, ihre Kinder wieder zu typischen Untertanen zu erziehen. Über dieses kollektive gesellschaftliche Trauma wird jedoch vergessen, dass der Mensch Freiheit nur genießen und produktiv gebrauchen kann, wenn er sich gleichzeitig sicher und gehalten fühlt. Das gilt umso mehr für sehr junge Kinder, deren psychische und physische Entwicklung sich im steten Fluss befindet. An dieser Stelle sieht man sehr schön, wie falsche Vorstellungen von Freiheit das genaue Gegenteil bewirken können. Wem Orientierung und Struktur fehlen, der ist nicht frei, sondern gefangen in einem Land der scheinbar unbegrenzten Möglichkeiten, die in Wirklichkeit nur eine grenzenlose Überforderung sind.

Wer also mangelnde Aufmerksamkeit für Kinder als Freiheit interpretiert, schadet ihnen mehr, als sie wirklich zu freiem Denken und Handeln anzuleiten. Das ist letztlich ein schulischer Brandherd, der mittelfristig zum gesellschaftlichen wird, wenn Kinder und Jugendliche, denen Strukturlosigkeit als Freiheit untergejubelt wurde, im Erwachsenenalter nicht in der Lage sind, sich angemessen in sozialen Zusammenhängen zu bewegen.

Struktur und Orientierung meint also vor allem Beziehung. Lehrer dürfen keine Angst davor haben, klare Anweisungen zu erteilen, sie dürfen allerdings auch keine Angst davor haben, sich mit Ideen und Anliegen der Schüler offen auseinanderzusetzen. Dazu jedoch ist Interaktion gefragt und nicht der latente Rückzug des Lehrers aus der Beziehung, der damit endet, dass kein Schüler mehr so genau weiß, was nun eigentlich von ihm erwartet wird.

Wenn die Bildungsforscherin Elsbeth Stern schreibt: »Guter Unterricht kann auf verschiedene, aber nicht auf beliebige Art und Weise erreicht werden«[16], zielt das genau auf diesen Zusammenhang ab. Guter Unterricht entsteht durch

Mischformen verschiedener Unterrichtsformen, vor allem aber durch die ständige Aufrechterhaltung der Beziehung zwischen Lehrern und Schülern sowie auf einer anderen Ebene auch durch die Qualität der Beziehungen innerhalb des Kollegiums und zwischen Kollegium und Schulleitung.

Was bedeutet das nun für die Beziehung zwischen Schülern und Lehrern? Der Schüler sollte immer merken, dass der Lehrer will, dass er etwas lernt. Nichts ist schlimmer als das Gefühl, dass der Lehrer vorne am Pult einfach nur seine Zeit absitzt und den vorgesehenen Stoff in der vorgesehenen Zeit durchzieht. Natürlich ist genau hier auch einer der Kritikpunkte am Frontalunterricht, der dazu geführt hat, dass alternative Konzepte entstanden. Sobald diese Konzepte jedoch die Beziehung zwischen Lehrern und Schülern gefährden, sind sie nicht mehr wert als fantasieloser Frontalunterrichtsdienst nach Vorschrift.

Über die Beziehungsebene lässt sich auch das beschriebene Problem der Wahrnehmung angehen. Beides bedingt sich gegenseitig: Für eine gelingende Beziehung spielt die Wahrnehmung des jeweils anderen eine wichtige Rolle. Um diese zu verbessern, ist jedoch auch eine gute Beziehung notwendig. Beide Ebenen der menschlichen Interaktion lassen sich nicht voneinander trennen.

Die nervigen Kleinigkeiten: Hausaufgaben und andere Regeln

Es ist die dritte Stunde an einem Mittwoch im April. Ich stehe vor meiner siebten Klasse, die ich auf Realschulniveau in Deutsch unterrichte; und habe die Schüler gerade aufgefordert, ihre Hausaufgaben herauszuholen. Wir beschäftigen uns mit der Ballade von John Maynard, in der Fontane den gleichnamigen Steuermann eines im 19. Jahrhundert havarierten Schiffes poetisch zum Helden formt, der als Letzter das sinkende Schiff verlässt. Im Laufe der Hausaufgabenkontrolle beginne ich mich wie John Maynard auf dem Schulschiff zu fühlen, sehe den sinkenden Tanker namens Bildungswesen vor mir und frage mich, ob ich zu den Letzten gehören möchte, die diesen Tanker verlassen.

Die Klasse läuft an diesem Tag zu Hochform auf, allerdings weniger in der Interpretation der Ballade, sondern in der Kreativität der Begründungen für nicht erledigte Hausaufgaben. Ole etwa bewirbt sich spontan für die goldene Ananas der glaubwürdigsten Entschuldigung, und es entspinnt sich eine Art absurdes Theaterstück mit Slapstickqualitäten:

Ole: »Ich hatte echt alles erledigt, Herr Tergast!«

Tergast: »Und warum kann ich deine Aufgabe dann nicht kontrollieren?«

Ole: »Na ja, ich hatte sie erledigt, dann kam unser Hund, hat sie vom Tisch gezogen und zerfetzt. Danach musste ich sie leider in den Papierkorb werfen.«

Tergast: »Und?«

Ole, unsicher grinsend, irritiert: »Wie, und?«

Tergast: »Was ist dann passiert? Nachdem du die Aufgabe in den Papierkorb geworfen hast?«

Ole: »Na … nichts … dann war sie weg …«

Tergast: »Du bist nicht auf die Idee gekommen, sie noch mal zu machen?«

Ole: »Äh. Nö. Ich hatte sie ja gemacht …«

Tergast: »Wenn sie nicht hier ist, hast du sie auch nicht gemacht.«

Ole: »Oh.«

Tergast: »Und du glaubst tatsächlich, dass ich dir die Geschichte abnehme?«

Ole: »Ja, klar … War so, ich schwör …«

So eine Situation hat im ersten Moment ihre ganz eigene Komik, und natürlich amüsiert sich der Teil der Klasse, der dem absurden Dialog folgt, köstlich darüber, wobei einem Großteil der Schüler anzumerken ist, dass sie Oles Geschichte vollkommen nachvollziehbar finden. Diese Geschichten verlieren allerdings ihre komische Seite, wenn sie sich häufen. Zwei Plätze von Ole entfernt sitzt Mara. Auf meine Frage nach der Hausaufgabe guckt sie leicht zerknirscht und verschämt grinsend auf den leeren Tisch vor sich und sagt: »Ich hab gedacht, wir müssen das erst zur nächsten Stunde machen ...« So geht das dann noch eine Weile weiter. Am Ende der Kontrolle stehen bei 27 Schülern genau zehn einigermaßen korrekt erledigte Hausaufgaben. 17-mal hingegen darf ich mir mehr oder weniger glaubhafte, mehr oder weniger kreative Ausreden und Entschuldigungen anhören, warum es leider unmöglich war, die Aufgabe bis zu dieser Stunde zu erledigen.

Keine Frage: Es kann gute Gründe geben, warum eine solche Aufgabe nicht geschafft wird, es kann auch durchaus mal vorkommen, dass es tatsächlich vergessen wird. Wer unter uns in dieser Hinsicht ohne Sünde ist, der werfe den ersten Stein. Problematisch ist jedoch auf jeden Fall die Tatsache, dass eine wachsende Anzahl Schüler sowohl Hausaufgaben als auch in der Schule gestellte Aufgaben maximal als Angebot versteht, das man genauso gut auch ausschlagen kann. Woraus auch ein kaum vorhandenes Problembewusstsein resultiert, Kritik des Lehrers perlt an vielen Schülern elegant ab. Wenig verwunderlich, dass diese Einstellung während der langen Homeschooling-Phasen 2020/21 noch zugenommen hat. Auch hier zeigen die Rückmeldungen vieler Lehrer, die ich für dieses Buch befragt habe, dass ein Teil der Schüler mehr oder weniger komplett aus der aktiven Mitarbeit ausgestiegen ist und offenbar glaubt, das werde sich alles schon irgendwie wieder zurechtruckeln, wenn Corona erst mal besiegt ist.

Letzteres ist ein Effekt des Schuldramas in der Coronazeit, dessen Auswirkungen in aller Pracht erst im Laufe der kommenden Jahre zu sehen sein werden. Es handelt sich dabei um die letzte Konsequenz des bereits beschriebenen Ausstiegs aus der Beziehung zwischen Lehrer und Schüler. Zudem wird gern ignoriert, dass Lehrer auch nur Menschen sind, die mit den Tücken der Digitalisierung in gleichem Maße kämpfen wie jeder andere Mensch außerhalb der IT- und Digitalmedienbranche.

Um die Beziehung im Online-Distanzunterricht einigermaßen aufrechtzuerhalten, wären zunächst mal von Lehrer- und Schulseite aus ein paar simple Dinge notwendig gewesen. Doch bei näherem Hinsehen scheiterte es bereits häufig genug genau daran.

Da wäre etwa die Quote der Videokonferenzen. Videokonferenzen, die auch als solche abgehalten werden, also nicht als reine Audiokonferenz ohne Einbeziehen der Kamera, bieten zwei Simulationen von Wirklichkeit, die zumindest einen Rest an Beziehung herstellen können: Lehrer und Schülern sehen und hören sich in Echtzeit. Das ist via Bildschirm nicht dasselbe wie im Klassenzimmer. Aber immerhin zwingt es beide Seiten, im selben Augenblick miteinander zu kommunizieren und sich aufeinander zu konzentrieren. Schon das sehr beliebte Weglassen der Kamerafunktion reduziert die Beziehungsqualität erheblich. In der visuellen Anonymität der Audiokonferenz kann jeder Teilnehmer auf Schülerseite sich ausklinken, wie es ihm gefällt, und statt Gleichungen zu lösen oder Texte zu lesen, lieber eine Runde Candy Crush spielen, wie es Politiker in Ministerpräsidentenrunden ja bisweilen sogar vorleben. Bemerkt wird das höchstens, wenn der Lehrer unverschämterweise auf die Idee kommen sollte, einen Schüler mit einer Frage direkt anzusprechen, und dabei nur Schweigen oder Stammeln erntet.

Das Problem liegt jedoch nicht nur in der Durchführung einer solchen Videokonferenz, sondern auch darin, dass sie nicht oft genug stattfinden. Wie sich nach vielen Monaten Distanzlernen gezeigt hat, ist ein erheblicher Teil der Lehrer nicht gerade erpicht darauf, diese Art von Unterricht anzubieten. Man beschränkt sich lieber darauf, regelmäßig aus Arbeitsheften kopierte und notdürftig eingescannte Aufgaben auf den Aufgabenplattformen wie IServ einzustellen und darauf zu warten, dass die Schüler daheim irgendetwas damit anfangen können. Auch dabei scheitert es allerdings häufig genug schon an den Basics wie einer zumindest schulintern einheitlichen Vorgehensweise. Ein Teil der Lehrer lässt sich die erledigten Aufgaben über die Plattform vom Schüler hochladen, ein anderer möchte alles lieber per Mail zugeschickt bekommen, der dritte Teil lässt die Rückgabe offen und hofft offenbar, am besten gar nicht mit den Ideen der Schüler belästigt zu werden. Und, kein Witz, der vierte Teil lässt die Schüler zwischendurch zur Schule fahren, um ihre Aufgaben vor Ort in Pappkartons zu legen. Und dann sind da noch die, die Schüler anweisen, ihnen auf gar keinen Fall Mails zu schicken, oder auch die, die Rückmeldung angekündigt hatten, es dann aber nicht schafften, weil jemand die Telefonleitung mit der Heckenschere durchgeschnitten hatte.

Die Frage, auf welchem technischen Weg die Schüler ihre Aufgaben abgeben, ist allerdings nur ein Teil des täglichen Distanzlernwahnsinns, bei dem man sich fragt, ob der Begriff nicht eher andeutet, dass alle Beteiligten sich damit vom Lernen distanzieren als auf Distanz zu lernen. Der nächste Schritt, und auch hier kommt wieder die Frage der Beziehung ins Spiel, ist die Rückmeldung durch den Lehrer. Aufgabenkorrektur, Erläuterung von Fehlern und schlicht das Signal: Hey, ich, dein Lehrer, habe wahrgenommen, dass du dir mit den Aufgaben Mühe gegeben hast (oder eben auch nicht), und sage dir, was gut oder nicht so gut gelaufen ist. Ein nicht unwesentlicher Teil der Lehrer verzichtet schlicht auf jede Rückmeldung, sodass Schüler das Gefühl haben, die erledigten Aufgaben ins digitale Nirwana zu senden und für den Papierkorb zu arbeiten.

Natürlich: Ins Abenteuer Distanzlernen sind alle Beteiligten, Lehrer, Schüler, Eltern, Schulbehörden, ohne jede Vorbereitung gestürzt worden, da kann nicht von Beginn an alles rundlaufen und perfekt organisiert sein. Dass man allerdings im Frühjahr 2021 nach über einem Jahr Coronakrise immer noch das Gefühl hatte, der Fall des permanenten Homeschoolings sei gerade eben erst eingetreten, spricht Bände. Hier zeigt sich der Corona-Brennglaseffekt besonders gut, hebt er doch sowohl den Nachholbedarf in Sachen Digitalkompetenz als auch die Bedeutung von Wahrnehmung und Beziehung für gelingendes Lernen stark hervor.

Im Grunde ist im Distanzlernen alles eine einzige Dauerhausaufgabe geworden, und genauso wird es auch gehandhabt. Für die einen, den weitaus kleineren Teil, ist es eine Gelegenheit zu zeigen, wie selbstständig und gut organisiert sie bereits lernen können. Hier wird sich vermutlich der eine oder andere künftig erfolgreiche Selbstständige und Freiberufler herauskristallisieren. Für die anderen gleicht diese Form der Schule einer gesteigerten Bildungskatastrophe, umso mehr in den Fällen, in denen von Elternseite so gut wie keine Unterstützung verfügbar ist. Da werden Schüler schlicht abgehängt, ohne dass es jemand wirklich merkt. Unsere Gesellschaft wird in einigen Jahren die Ernte dieser Zeit einfahren, wenn die Aufgaben in einer hoch technisierten, auf Geschwindigkeit ausgerichteten Gesellschaft kaum noch bewältigt werden können. Die ganz große Depression, sowohl auf gesamtgesellschaftlicher als auch auf ganz persönlicher Ebene vieler Menschen, könnte die Folge sein, deren Vorboten sich nicht nur in Deutschland, sondern in so gut wie allen westeuropäischen Staaten bereits jetzt abzeichnen.

Studien und auch Berichte in den Medien, die die Bildungsdefizite der jüngeren Generationen beschreiben, gibt es seit vielen Jahren zuhauf, gleichwohl: Nichts geschieht, um auf diese Diagnosen zu reagieren. Zu groß scheinen die übergeordneten Aufgaben der Gesellschaft wie Klimapolitik, Antirassismus, Geschlechtergerechtigkeit, zu beeindruckend auch das Engagement junger Menschen in Bewegungen wie Fridays for Future. Das ist alles aller Ehren wert, indes: Wer soll sich in Zukunft noch für irgendetwas engagieren, wenn grundlegende Kulturtechniken wie Lesen, Schreiben und Rechnen kaum noch beherrscht werden und gleichzeitig die beschriebenen Probleme im Wahrnehmungs- und Beziehungsbereich weiter grassieren?

Inflation guter Noten und Schulabschlüsse: Werden unsere Kinder immer intelligenter?

Das Problem der Notengebung habe ich bereits ausführlich beschrieben. Ein weiterer Blick darauf lohnt dennoch. Seit etwa zehn Jahren liegt die Quote der Schulabgänger verschiedener Schulformen, deren Abschluss sie zur Aufnahme eines Studiums an einer Hochschule berechtigt, stabil bei über 50 Prozent eines Jahrganges, davon entfallen im Bundesdurchschnitt rund 40 Prozent auf das klassische Abitur. Diese Quote wird hierzulande immer noch als wichtiger Indikator dafür angesehen, dass die Bildungspolitik auf dem richtigen Weg ist. Wo viele Schüler Abitur machen und einen akademischen Ausbildungsweg einschlagen, so der simple Gedanke, da müsse doch die Bildung der jungen Generation auf einem guten Niveau liegen.

Tatsächlich ist diese Sichtweise scheinbar nicht auszurotten, obwohl eine schnelle Umfrage bei Ausbildungsbetrieben, an Hochschulen und weiteren Ausbildungsstätten reichen würde, um zu erfahren, dass die Bildungskatastrophe nicht erst kurz bevorsteht, sondern wir uns bereits mittendrin befinden. Solche Umfragen gibt es natürlich immer wieder mal, und obwohl sie immer und immer wieder die gleichen Ergebnisse zutage bringen, flaut die inflationäre Verteilung von Bestnoten an deutschen Schulen kaum ab.

Ich habe es in meiner eigenen Zeit als Lehrer selbst feststellen dürfen und in Gesprächen mit vielen Lehrern immer wieder bestätigt bekommen: Eine auch nur ansatzweise gerechte und an den tatsächlichen Leistungen orientierte Benotung von Schülern aller Schulformen ist seit geraumer Zeit kaum noch möglich. Würde man nur die Maßstäbe ansetzen, die vor etwa 20 Jahren noch galten, müssten regelmäßig Klassenarbeiten wegen eines unterirdischen Notenschnittes wiederholt werden, es gäbe massenhaft Sitzenbleiber, und der Schulbetrieb würde komplett zusammenbrechen.

Stattdessen hat man sich elegante Auswege aus der Misere gesucht, wie etwa die bereits beschriebene stetige Absenkung von Anforderungen bei gleichzeitig äußerst milder Notenvergabe. Parallel dazu gibt eine nie endende Diskussion über Sinn und Zweck von Noten generell. Die Fraktion der Befürworter von Lernentwicklungsberichten und ähnlichen Bewertungsinstrumenten ist zahlreich und hat scheinbar gute Argumente: Noten seien ungerecht und erzeugten zu viel Druck, man könne die Leistungen von Menschen nicht über ein so simples System bewerten.

Die Note markiert indes einen Status quo, an dem der Schüler sich für die Zukunft orientieren kann, im Gegenteil zu windelweichen Worthülsen, bei denen niemand so genau weiß, wo er nun steht. Das Verlangen nach schriftlichen Bewertungen geht dabei einher mit einer weiteren Diskussion, nämlich der um die Abschaffung des Sitzenbleibens. Denn wie sollte man auf der Grundlage von blumigen Beschreibungen ernsthaft begründen, warum jemand die Lernziele nicht erreicht hat? Prinzipiell wäre das zwar möglich, würde aber vermutlich unter anderem dazu führen, dass solche Entscheidungen von geneigten Eltern immer wieder mal juristisch angefochten werden.

Während also mit wortreichen Formulierungen und Begründungen nicht zuletzt auch der Leistungsverfall an deutschen Schulen noch besser kaschiert werden könnte, zeigt ein Vergleich der Durchschnittsnoten etwa beim Abitur zumindest klare Tendenzen. Die Schwierigkeit liegt, wie stets bei Zahlenwerken, in der Interpretation dieser Tendenzen. Das ist vor allem deshalb ein Problem, weil die Entwicklung auf den ersten Blick durchaus beeindruckend ist. Schaut man sich nur einmal an, wie viele Abiturienten ihre Schulzeit mit der Traumnote 1,0 abschließen, so stellt man fest, dass diese Quote sich allein zwischen 2006 und 2018 verdoppelt hat. Die intelligentesten Abiturienten überhaupt dürfte es demnach in Thüringen geben, dort stand bei sagenhaften 40 Prozent aller Schüler im Jahr 2018 eine eins vor dem Komma, was im Ergebnis zu einem Gesamtabiturdurchschnitt von 2,16 führte. Bei solchen Zahlen erblasst der Autor dieses Buches mit seiner läppischen niedersächsischen 2,9 im Jahr 1992. 2018 war man auch in Niedersachsen immerhin bei 2,57 im Schnitt angelangt. Mit 2,9 könnte ich mich also heute kaum noch irgendwo blicken lassen, in Thüringen bekommt man damit vermutlich höchstens noch Hilfsarbeiterjobs, auf jeden Fall aber keine begehrten Studienplätze in Fächern mit Zugangsbeschränkungen.

Ich erinnere mich gut, dass in meinem Abiturjahrgang von 150 Absolventen exakt drei eine eins vor dem Komma hatten, der absolute Überflieger schloss mit 1,3 ab, und da er ein guter Freund von mir ist, kann ich bezeugen, dass an seiner überbordenden Intelligenz kein Zweifel bestehen kann. 1,0 war offenbar trotzdem auch für ihn nicht drin.

Erleben wir also in den letzten fünfzehn Jahren einen drastischen Anstieg des Intelligenz- und Kompetenzniveaus deutscher Schüler? Man braucht keine Studie, um das sicher auszuschließen. Welchen Grund kann es also haben, dass es offenbar sehr viel einfacher geworden ist, überhaupt Abitur zu machen, und dann auch noch mit einer mehr als passablen Abschlussnote?

Dieser, um das Wort von Julian Nida-Rümelin noch einmal aufzugreifen, Akademisierungswahn wäre eine eigene Abhandlung wert, sorgt er doch mit dafür, dass unsere Gesellschaft auf gleich mehreren Ebenen in eine erhebliche Schieflage geraten ist. An dieser Stelle sei nur auf die Grundzüge hingewiesen. Ab einem bestimmten Zeitpunkt, der einigermaßen parallel zur immer rascheren Digitalisierung der Gesellschaft zu bestimmen sein dürfte, setzte sich in den Gremien der Bildungspolitik die Ansicht durch, dass nur akademische Bildung gute Bildung sein könne. In einem Land, dessen duales Ausbildungssystem zu Recht einen ausgezeichneten Ruf genoss, sah man nun also plötzlich relativ hochnäsig auf Handwerker, Einzelhändler und Bürokaufleute herab, die sich nach der Schule darauf eingelassen hatten, als schlichte Arbeitnehmer in die Berufswelt einzusteigen, anstatt die Hörsäle der Republik zu bevölkern. Arbeit, die nicht durch akademische Weihen gesalbt ist, gilt seitdem weniger, und wir alle bemerken die Auswirkungen dieser Hochnäsigkeit etwa dann, wenn wir monatelang auf einen Handwerker für Arbeiten am Haus warten müssen oder in Fachgeschäften in der Innenstadt kein gut ausgebildeter Verkäufer zur Beratung zu finden ist. Wenn die Zahl der neu abgeschlossenen Ausbildungsverträge im Jahr 2020 gleich um 9,4 Prozent eingebrochen ist, so ist das sicher zu einem Teil einem Coronaeffekt geschuldet, etwa aufgrund der unsicheren Situation im Einzelhandel. Gleichzeitig jedoch zeigt diese Zahl die immer noch bestehende Zurückhaltung von Schulabgängern bei der Entscheidung für eine Ausbildung.

Besonders pikant ist dieser Effekt, weil er in Zeiten grassierender Political Correctness, die sich auf die Fahnen geschrieben hat, niemanden zu diskriminieren, eine Zwei- oder vielleicht sogar Dreiklassengesellschaft forciert. Da gibt es dann eine akademisch gebildete Oberschicht, die Spitzenpositionen in Wirtschaft und Politik besetzt, in sich allerdings allein schon aufgrund der großen Menge an neu hinzukommenden Menschen nicht klassenlos sein kann, sondern eine Art akademisches Prekariat schafft, das sich entweder mit Jobs über Wasser hält, für die man restlos überqualifiziert ist, oder das es schafft, im Fahrwasser der oberen Zehntausend nachgelagerte Jobs zu bekommen.

Der Akademisierungswahn hat darüber hinaus weitere Auswirkungen, die gleichzeitig auch ein Schlaglicht auf die Verzögerungen bei der Entwicklung der kindlichen Psyche werfen, die Michael Winterhoff ausführlich beschrieben hat. Es lohnt sich, dafür Berichte wie den der Hamburger Friseurmeisterin Ulla Maass[17] zu lesen, die stellvertretend für unzählige solcher Berichte aus den unterschiedlichsten Branchen steht. Ulla Maass erzählt in diesem Bericht davon, warum sie in ihrem Salon schon lange keine Auszubildenden mehr eingestellt hat, obwohl sie seit 16 Jahren unter anderem in der Schulung von Friseuren in Deutschland und Österreich eingesetzt ist.

> »Ich hatte den letzten Azubi vor knapp zehn Jahren. Ich habe es immer so gesehen: Ich durfte von den Besten lernen, und mir ist es wichtig, mein Handwerk weiterzugeben. Ich wollte Auszubildende haben, die diesen Weg auch

gehen wollten. Aber es ist immer schwieriger geworden, diese Menschen zu finden. […] Ich bekomme viel weniger Bewerbungen um einen Ausbildungsplatz als früher, Kollegen berichten dasselbe. Vor 20 Jahren hatte ich jedes Jahr 20 oder 30 Bewerbungen, jetzt sind es noch drei oder vier im Jahr. Viele machen sich noch nicht einmal die Mühe, überhaupt eine Bewerbung zu schreiben, sondern kommen einfach in den Salon und fragen mal – und erwarten, dass ich mir direkt eine halbe Stunde Zeit nehme. Wenn jemand wirklich Eigeninitiative hätte und richtig Feuer für den Beruf zeigte, den würde ich auch heute noch nehmen. Obwohl ich mit Azubis so einiges erlebt habe: Unpünktlichkeit, Berufsschule schwänzen, kein Durchhaltevermögen, und dann sind die jungen Leute heute kaum noch kritikfähig.«

Es stecken zwei entscheidende Aussagen in diesem Artikel: Es gibt viel zu wenige Schulabsolventen, die überhaupt noch in Erwägung ziehen, statt eines Studiums eine klassische Berufsausbildung zu beginnen. Und unter denen, die es dennoch machen, ist der Anteil der Ungeeigneten mittlerweile so enorm hoch, dass es viele Betriebe vor ernst zu nehmende Nachwuchs- und damit auch Existenzsorgen stellt.

Maass' Beschreibungen decken sich beispielsweise mit denen, die ein rheinischer Kfz-Meister mir gegenüber bei einer Podiumsdiskussion bereits vor mehr als zehn Jahren äußerte. Er beschrieb, dass jeder Bewerber um eine Ausbildung in seinem Betrieb, der auf hochwertige Automobile spezialisiert war, einen kleinen Vorabtest machen müsse. Dieser bestand darin, entlang einer vorgezeichneten Linie mit einer Spezialschere ein Stück Metall zurechtzuschneiden. Für 80 Prozent der Bewerber war die Sache damit erledigt. Das Metall zu schneiden, ist nämlich offenbar eine etwas anstrengende

Angelegenheit und außerdem auch eine Frage der Genauigkeit. Während der größere Teil der Aspiranten aufgab, weil er es schlicht unzumutbar fand, sich dieser Anstrengung zu unterziehen, war es dem zweiten Teil nicht ersichtlich, warum man sich beim Schneiden auch nur ansatzweise an die vorgegebene Linie halten sollte.

Ob nun Friseur oder Kfz-Werkstatt – Fakt ist, dass Industrie und Handel seit vielen Jahren unisono über die mangelhafte Eignung der Bewerber für Ausbildungsplätze, aber auch für ausgelernte Kräfte klagen. Hier zeigen sich die Effekte der Fehler, die mittlerweile gleichermaßen in Elternhäusern und in Kindergärten und Schulen gemacht werden, gnadenlos. Viele Kinder erfahren nicht mehr, dass sie sich als soziales Wesen in eine Gemeinschaft einordnen müssen, damit diese Gemeinschaft überhaupt funktionieren kann. Sie kreisen ausschließlich um sich selbst und lassen das auch ihr Umfeld spüren.

Der Schule kommt angesichts dieser explosiven Lage eine zentrale Funktion zu. Obwohl sie nicht im eigentlichen Sinne für erzieherische Belange zuständig sein sollte, kann sie dazu beitragen, Schüler nachreifen zu lassen. Gelingen kann das in Unterrichtsmodellen, die überwiegend auf die Beziehung zwischen Lehrer und Schüler setzen. In weitgehend offenen Unterrichtsformen ist dieser Prozess kaum in Gang zu bringen, weil auch da der Schüler wieder vor allem auf sich selbst bezogen ist und zu wenig äußere Anleitung und Orientierung zur Verfügung hat.

Das Fehlen von abgegrenzten Erwachsenen in Elternhaus und in der Schule macht sich beim Eintritt ins Berufsleben in genau der Form bemerkbar, die Ulla Maass, der Kfz-Meister sowie viele andere Ausbildungsbeauftragte und Unternehmer in immer stärkerem Maße beklagen. Die Jugendlichen sind keine Anforderungen gewöhnt, tun sich schwer,

Anweisungen zu akzeptieren, und glauben schon vor Beginn einer beruflichen Tätigkeit, bereits alles zu wissen. Sie sind im wahrsten Sinne des Wortes allein auf der Welt, allein gelassen in Kindheit und Jugend, sodass sich auch später nur schwerlich ein Bewusstsein dafür einstellen kann, dass die Existenz, die Wünsche und Bedürfnisse anderer Menschen genauso eine Rolle spielen wie die abstrakteren Anforderungen eines Unternehmens, an dessen Existenz Arbeitsplätze und damit andere menschliche Existenzen hängen. In Dienstleistungsunternehmen wie dem Friseursalon von Ulla Maass kommt dazu, dass diese Jugendlichen auch das Prinzip »Der Kunde ist König« nicht verstehen würden. Wer einen solchen Beruf ausübt, muss nicht nur den Anweisungen eines Vorgesetzten folgen und sich in die Belegschaft einordnen können, er muss auch ein Bewusstsein dafür haben, dass der Dienstleister für den Kunden da ist und nicht umgekehrt. Schwierige Kunden oder besondere Anforderungen und Wünsche eines Kunden würden dementsprechend nicht als Herausforderung und Teil des Jobs betrachtet, sondern als Beleidigung und etwas, mit dem man nichts zu tun haben möchte. Auch wäre es nicht möglich, in einer solchen Situation vom größeren Wissen älterer Kollegen oder des Chefs zu profitieren, denn der Jugendliche wäre ja der festen Überzeugung, schon das gesamte Wissen für sich gepachtet zu haben, bevor er überhaupt auch nur zum ersten Mal die Schwelle des Unternehmens überschritten hatte. Ulla Maass beschreibt das so:

> »Man kann nicht als Azubi gleich Haare schneiden, und man ist auch nicht in einem Jahr fertig mit der Ausbildung. Viele Jugendliche denken leider, sie wissen schon alles, weil sie auf YouTube oder Instagram irgendwelchen Stylisten folgen. Die wollen dann gleich stylen – und nicht

den Arbeitsplatz aufräumen und für den nächsten Kunden vorbereiten. Aber diese Arbeiten gehören ebenso dazu, auch wenn sie nicht so prickelnd sind.«

Schule kann an diesen Zuständen etwas ändern, wenn man sich im Bildungswesen endlich dazu durchringen könnte, diese ernst zu nehmen. Stattdessen werden zu oft künstliche Gegensätze konstruiert, wo keine sind. Soll heißen: Jungen Lehramtsanwärtern wird während ihrer Ausbildung suggeriert, stärker lenkende Formen des Unterrichtes seien per se zu verdammen, weil damit Kindern etwas aufgezwängt würde, das diese doch gar nicht wollen. Dabei wäre – übrigens analog zu Erziehungsstilen im Elternhaus – im Grunde vor allem darauf zu achten, dass die Unterscheidung zwischen »autoritativ« und »autoritär« ins Bewusstsein gerückt wird.

Während dem Begriff des Autoritativen kaum Beachtung zuteilwird, hängt dem fast gleich klingenden Autoritären zu Recht ein negativer Beigeschmack an, den man im Umgang mit Kindern und Jugendlichen nicht möchte. Möglicherweise ist es schlicht und ergreifend dem ähnlichen Klang beider Wörter geschuldet, dass die Vorteile eines autoritativen Erziehungs- und Führungsstils außerhalb von akademischen Diskussionen fast unbekannt sind. Tatsächlich liegt hier ein Schatz, der eigentlich nur im täglichen Leben von Eltern und Lehrern gehoben werden müsste.

Wo sind die Unterschiede zwischen autoritär und autoritativ? Bezogen auf Erziehungsstile kann man das in wenigen Stichworten so charakterisieren wie der Berliner Entwicklungspsychologe Prof. Dr. Herbert Scheithauer:

Autoritäre Eltern:
- Sind kalt und nicht sensibel für die Bedürfnisse des Kindes
- Hohe Kontrolle, hohe Anforderungen

- Machtorientiert, keine Erklärungen und Begründungen (»... weil ich das sage!«)
- Elterliche Autorität darf nicht infrage gestellt werden
- Ggf. strafende Maßnahmen
- Die Kinder autoritärer Eltern haben ein eher niedriges akademisches und soziales Kompetenzniveau, sind unfreundlich, leicht reizbar und haben niedriges Selbstvertrauen

Autoritative Eltern:
- Hohes Anspruchsniveau, klare Standards und Regeln, Achten auf Einhaltung
- Wärme und Sensibilität, offen-kommunikativ
- Förderung kindlicher Autonomie, Konsequenzen des Verhaltens sollen verstanden werden
- Eingehen auf die Bedürfnisse des Kindes
- Disziplinieren maßvoll und konsequent
- Die Kinder autoritativer Eltern sind (tendenziell) (sozial) kompetent, selbstsicher, beliebt, mit geringem antisozialen Verhalten, wenig Drogenkonsum im Jugendalter usw.[18]

Die Unterschiede sind leicht zu fassen, auch lassen sich die einzelnen Punkte gut von Eltern auf Lehrer übertragen. Entscheidend ist zu verstehen, dass man vom gleichen Ausgangspunkt ausgehend zu ganz verschiedenen Wegen und Ergebnissen kommen kann. Dieser Ausgangspunkt besteht in beiden Fällen in der Überzeugung, dass Kinder und Jugendliche eine Form der Führung benötigen, die ihnen Wege weist, anstatt sie ohne Kompass und Karte in die Wildnis des Lebens zu schicken, wie es der Grundgedanke bei antiautoritären und grenzenlos offenen Formen ist.

Natürlich ist das Maß an enger Führung und dem immer weitergehenden Entlassen in Formen selbstständigen Lernens abhängig vom Alter und Entwicklungsstand des Kindes/

Jugendlichen. Je jünger das Kind, desto stärker sind Eltern als Kompass und als Schutz gefragt, und genau das Gleiche gilt auch für Lehrer. Daher sind vor allem Grundschullehrer in der Pflicht, sich mit diesen grundsätzlichen Dingen intensiv auseinanderzusetzen.

Die Vorteile, wenn Schule sich auf autoritative Formen der Pädagogik konzentrierte, liegen auf der Hand. Schüler, die diesen Stil ohnehin von den Eltern gewöhnt sind, fühlen sich gut aufgehoben und können ihr Potenzial unter Anleitung und zugewandter Begleitung durch Lehrer ausschöpfen. Schüler, die im Elternhaus eher einem permissiven Erziehungsstil ausgesetzt sind, der sie auf lange Sicht zu genau den Tyrannen und Prinzen machen wird, unter denen die Gesellschaft heute schon leidet, erhalten die Gelegenheit, in der Schule eine andere Form des Umganges miteinander zu erleben. Erfahrungsgemäß wird das Durchhalten eines autoritativen Stiles von diesen Kindern mittelfristig belohnt, auch wenn es dem Lehrer zu Beginn sehr schwierig erscheinen mag, seine Energie dafür aufzuwenden, gegen das distanzlose und frech erscheinende Verhalten der Schüler anzugehen. Dazu bedarf es engagierter, zugewandter Pädagogen, die das Verhalten solcher Schüler richtig deuten können.

Da das autoritative Vorgehen keine Unterrichtsmethode oder ein pädagogisches Konzept ist, sondern eine grundsätzliche Verhaltensweise, lässt es sich mit verschiedenen Methoden und Konzepten kombinieren. Wichtig ist dabei immer, dass der Lehrer weitgehend in der Beziehung zu den Schülern verbleibt, präsent ist und als Instanz von den Schülern wahrgenommen und akzeptiert wird. Wenn dieses Vorgehen bei den jüngeren Schülern gut funktioniert hat und sowohl Leistungsstand als auch das Verhalten der Schüler widerspiegelt, dass der große Anteil der Klasse auf einem altersgemäßen psychischen Entwicklungsstand ist, spricht nichts dagegen, in den höheren Klassen offenere Formen in den Unterricht zu integrieren. Es geht keinesfalls darum, Schüler zu zwingen oder ihre Kreativität zu beschränken. Genau hier liegt häufig das Missverständnis, das die notwendige und produktive Debatte verhindert. Scheinbar stehen zwei komplett konträre pädagogische Lager einander unversöhnlich gegenüber, während es im Grunde doch immer nur darum geht, den Umgang mit den Schülern eben von diesen her zu denken anstatt aus der Elfenbeinturmsicht akademischer Theorien und Konzepte.

Es wäre wünschenswert, dass die Vorteile eines autoritativen Stiles in der Ausbildung junger Lehrer flächendeckend bekannt gemacht werden. Natürlich ist jeder Lehrer anders und sein Verhalten auch immer vom individuellen Charakter abhängig. Jedoch wäre die Einhaltung eines autoritativen Unterrichtsstils etwas, an dem sich – zum Wohl der Schüler – jeder Lehrer orientieren sollte. Neue Methoden und Konzepte für den Unterricht müssten immer erst dahingehend geprüft werden, ob sie mit diesem Stil kompatibel sind. Damit wären auch dem Wildwuchs der unterschiedlichsten Konzepte natürliche Grenzen gesetzt, etwa indem allzu offene Formen für Grundschulkinder von vornherein ausgeschlossen wären.

Die Schüler würden auf diese Weise wieder zum wichtigsten Bezugspunkt bei der Gestaltung des Unterrichtes, anstatt sie als Spielball auf dem Experimentierfeld pädagogischer Ideen hin und her zu rollen.

DIGITALISIERUNG – WIE DER ~~HYBE~~ HYPE UM TABLET UND CO. ELTERN UND LEHRERN EIN SCHLECHTES GEWISSEN MACHT. UND WARUM WIR DAS DIGITALE TROTZDEM BRAUCHEN

Dienstag, fünfte und sechste Stunde. Ich muss einen Kollegen in seiner sechsten Klasse vertreten. Naturgemäß beziehen sich diese Vertretungsstunden häufig auf für den Vertretungslehrer fachfremden Unterricht, sodass ich am Ende meiner Lehrerlaufbahn mit Fug und Recht behaupten konnte, von Werkunterricht über Chemie bis Mathe alles unterrichtet zu haben, von dem ich selbst wenig Ahnung habe. Dass der Lerneffekt bei den Schülern dabei nicht optimal ist, versteht sich von selbst.

An diesem Tag jedoch steht Deutsch auf dem Stundenplan der 6b, also kann ich inhaltlich in die Vollen gehen und mit den Schülern über eine Fabel sprechen, die gerade in allen sechsten Klassen Thema ist. Dass es dabei nicht so einfach ist, Zwölfjährigen zu vermitteln, warum sie sich mit Texten mit sprechenden Tieren beschäftigen sollen, die ein Mensch mit dem seltsamen Namen Äsop vor über 2500 Jahren geschrieben hat, weiß ich bereits aus meiner eigenen Klasse. Das Interesse am Stoff ist dementsprechend jenseits der wenigen

Deutsch-Cracks, die von sich aus einfach gern mit Texten arbeiten, eher mau. Die Unruhe in der Klasse ist spürbar und kontraproduktiv.

Besonders desinteressiert scheinen Finn und Lennart, die zwar direkt vor mir sitzen, aber trotzdem kein Problem damit haben (erinnern Sie sich an das, was ich zum Thema Wahrnehmung gesagt habe!), sich angeregt über ihre Computerspielerfahrungen von letzter Nacht auszutauschen. Finn scheint beim Spiel Fortnite, das zu jenem Zeitpunkt der große Renner bei den Jugendlichen ist, auf einem Ehrfurcht gebietenden Level angekommen zu sein. Zumindest entnehme ich das seinen Mitteilungen an Lennart, der auch angemessen beeindruckt wirkt und die Neuigkeiten mit einem vernehmlichen »Cool, Alter!« kommentiert. Er setzt gerade seinerseits an, über die Feinheiten der Fortnite-Welt zu fachsimpeln, als ich die beiden unterbreche und darauf hinweise, dass Äsop gerade wichtiger ist als virtuelle Welten. Nach meiner pädagogischen Intervention stellt sich ein kurzer Moment der Ruhe ein, bis Lennart mich mit herausforderndem Blick anschaut und lässig sein Weltbild preisgibt: »Wissen Sie was, Herr Tergast? Ich brauch kein Deutsch, in zehn Jahren verdien ich mit Fortnite sowieso zwanzigmal mehr als Sie mit Ihrem Lehrerjob.«

Mit selbstzufriedenem Grinsen schaut er sich in der Klasse um, um sich der Zustimmung seiner Mitschüler zu versichern, von denen auch tatsächlich der eine oder andere verschämt nickt, vermutlich weil ihm gerade einfällt, dass er bei Fortnite noch eine Menge nachzuholen hat. An Äsop und seine Fabel denkt zumindest niemand mehr. Lennart grinst nun mich an, erfreut, dass seine Provokation, die er selbst gar nicht als solche wahrnimmt, zu wirken scheint. Eine gezielte Nachfrage meinerseits bestätigt meine Vermutung, dass Lennart seine Aussage bitterernst meint, ich also einen Zwölfjährigen mit einem magischen Weltbild vor mir sitzen habe, das er entwicklungspsychologisch eigentlich schon am Ende des Kindergartenalters abgelegt haben sollte.

In dieser kleinen Szene, die sich so oder so ähnlich täglich an Tausenden von Schulen abspielt, konzentriert sich ein Großteil der Probleme, die das deutsche Bildungssystem kurz vor dem Einsturz stehen lassen. Vor mir sitzen keine schlecht erzogenen Kinder, auch keine Jungs aus Problemfamilien oder sozialen Brennpunkten. Finn und Lennart stammen aus gut situierten Kleinstadtfamilien. Die Eltern kümmern sich, und den beiden fehlt es materiell an nichts. Die Voraussetzungen, um in der Schule konzentriert mitarbeiten zu können, scheinen also hervorragend zu sein.

Wenn etwas trotz guter Voraussetzungen scheitert, gibt es auf der Strecke zwischen Voraussetzung und Umsetzung unüberwindbare Hindernisse. Hier heißen sie »elterliches Verhalten gegenüber den Kindern jenseits von guter Erziehung und dem Bereitstellen materieller Dinge«, »Fähigkeit zur Wahrnehmung«, »Probleme der Digitalisierung des Lebens«. Und natürlich heißen sie auch »Pubertät« oder »mangelnde Attraktivität des Faches Deutsch speziell für Jungs«. Letzteres sind keine modernen Entwicklungen, sodass wir sie als Brandherde in der Schule eher am Rande betrachten können. Die anderen drei Hindernisse jedoch hängen zusammen und tragen dazu bei, den Schulalltag immer schwieriger werden zu lassen.

Digitalisierung ist Bestandteil des modernen Lebens. Das ist zunächst mal eine wertfreie Zustandsbeschreibung des Status quo. Zum Phänomen der Digitalisierung gehören allerdings eine ganze Menge Dinge, deren Funktion und Einfluss auf das gesellschaftliche Zusammenleben sehr unterschiedlich sind. Die zunehmende Steuerung vieler Grundlagen unseres Alltags durch digitale Prozesse macht das Leben auf der einen

Seite einfacher und komfortabler, auf der andere Seite aber auch anfälliger für Störungen. Ein großflächiger Ausfall von Internetverbindungen für mehrere Stunden oder gar Tage sorgt sofort für wirtschaftliche Schäden, Kommunikationsausfälle und bei manchem auch für psychische Belastungen.

In Form des Smartphones und vergleichbarer Geräte ist die Digitalisierung mittlerweile in fast jeden Haushalt im Land eingezogen, und auch in der Bildungsdiskussion nimmt sie mittlerweile einen breiten Raum ein, erst recht, seit während der Coronakrise deutlich wurde, wie schwierig eine Beschulung außerhalb des Präsenzunterrichtes ist, wenn landauf, landab extrem unterschiedliche Digitalstandards gelten. Manch einer begrüßte zwar die Tatsache, dass die Schulen, Ministerien und Länder sich, getrieben durch die Pandemielage, in weitaus höherem Maß mit dem Thema auseinandersetzen mussten, als das vorher der Fall war, nicht immer ging es bei dieser Diskussion jedoch vorrangig um die Ansprüche der Schüler und des pädagogischen Personals an den Schulen. Darüber hinaus sorgte die Digitaldiskussion dafür, dass andere Baustellen im System Schule noch weiter in den Hintergrund rückten, als sie das in pandemielosen Zeiten schon waren.

Digitalisierung über alles – warum das ein Irrweg ist

Wer sich im Jahre 2021 kritisch mit dem Thema Digitalisierung auseinandersetzt, gerät schnell in den Ruf, ein hoffnungsloser Hinterwäldler zu sein, ein konservativer Fortschrittsverweigerer, der sich der schönen neuen Welt widersetzt. Das zeigen die Reaktionen auf kritische Bücher oder Artikel, die schneller zerrissen werden, als sie auf dem Markt ankommen können, am besten ganz angemessen in Form eines Twitter-Shitstorms. Die vermeintlichen Experten, die diese Shitstorms befeuern, entstammen nicht selten konsumkritischen politischen Blasen und reflektieren in den seltensten

Fällen, dass sie mit ihrer extrem digitalisierungsunkritischen Haltung auch gesellschaftliche Prozesse befördern, die ihnen eigentlich nicht am Herzen liegen können. Angefangen bei der Ausbeutung vieler Menschen, die im Produktionsprozess digitaler Geräte arbeiten, über die gesellschaftliche Ausgrenzung von Menschen, die – aus Alters- oder anderen Gründen – nicht im geforderten Maße am digitalen Wandel teilnehmen können oder wollen bis hin zur Nutzung digitaler Technologie für antidemokratische und allgemein gesellschaftsfeindliche Bestrebungen.

Es fehlt also wie so oft das richtige Maß in der Diskussion. Und gerade beim Geschäft »Digitalisierung in der Schule« wird allzu häufig nach der simplen Vorgabe »Viel hilft viel« verfahren. Der konkrete Nutzen für Schüler und Lehrer steht nicht im Vordergrund. Beim Erwerb von Hardware und Software existiert ja keine klassische Verkäufer-Kunde-Konstellation, in der der potenzielle Käufer jederzeit vom Kauf Abstand nehmen kann, wenn ihm das Produkt nicht zusagt. Schulen, Lehrer, Schüler, sie alle müssen letztlich nehmen, was ihnen von der Politik vorgesetzt wird. Und die Politik setzt allzu oft das vor, was von den Produzenten in den Markt gedrückt wird. Das führt in der Konsequenz zu einer Art Flächenbombardement vor allem deutscher Grundschulen mit Tablets, das am Boden nicht für besser und sinnvoller beschulte Grundschüler sorgt, sondern für überforderte Lehrer, genervte Eltern und Schüler, denen zu selten am Ende wirklich vermittelt wird, wofür sie die Geräte sinnvoll einsetzen können. Vor allem trifft es hier eine Altersgruppe, bei der durchdigitalisierte Pädagogik eigentlich ganz hinten in der Prioritätenliste stehen sollte.

In der Altersgruppe der Sechs- bis Zehnjährigen darf man sich sicher fragen, ob die Schule nicht zwei sich scheinbar widersprechende Dinge gleichzeitig zu leisten hat. So kann man einerseits nicht so blauäugig sein und erwarten, dass Kinder in dieser Zeit gar nicht mit digitalen Medien in Berührung kommen. Insofern gehört es natürlich auch zur Aufgabenstellung der Grundschule, an diesem merkwürdig schillernden Ding namens Medienkompetenz zu arbeiten. Wenn man diesen Begriff vernünftig definiert, bekommt man damit letztlich auch die Widersprüche gelöst. Kindern Kompetenz im Umgang mit Medien zu vermitteln, sollte nämlich heißen, ihnen zu zeigen, wie und wann es sinnvoll ist, digital zu agieren, und ihnen gleichzeitig zu vermitteln, wann das eben nicht sinnvoll ist. Anders formuliert: Zur Medienkompetenz gehört ganz entscheidend auch, (digitale) Medien bewusst *nicht* zu nutzen. Wer sich einmal in seinem Umfeld umschaut oder auch das eigene Nutzungsverhalten kritisch hinterfragt, entdeckt schnell, dass diese Kompetenz auch bei vielen Erwachsenen ausbaufähig ist. Der Autor dieser Zeilen nimmt sich da keineswegs aus. Hier zeigt sich auch bereits die feine Linie, die zwischen Kompetenz und Bildung verläuft, wie ich später noch beschreiben werde.

Wenn nun Finn und Lennart nächtelang Fortnite zocken und sich am nächsten Tag in der Schule damit brüsten: Ist das Medienkompetenz? Oder wie könnte Medienkompetenz in Bezug auf die Nutzung von Computerspielen durch Kinder und Jugendliche aussehen? Welche Rolle spielt hier die Medienkompetenz der Eltern und der Lehrer? Könnte der wichtigste Bestandteil von Medienkompetenz vielleicht sein, den Ausschalter zu finden und ihn zu drücken?

Es ist leicht, bei diesem Thema zu polemisieren und sich über latente Spielsucht schon von Drittklässlern und ihrer Eltern auszulassen, doch ist das Thema dafür zu ernst. Dass zu »Kompetenz« immer auch ein hoher Anteil »Verantwortung« und »Urteilsfähigkeit« gehört, wird gerade im Digitalen gern in den Hintergrund gerückt. Mit Medienkompetenz ist häufig eher im Gegenteil die möglichst intensive Beschäftigung mit virtuellen Welten gemeint, während der Begriff in seiner ganzen Bedeutung noch nicht einmal auf die digitale Sphäre und ihre Medien beschränkt ist. Auch die Fähigkeit, einen gedruckten Text sinnerfassend zu lesen, gehört zur Medienkompetenz eines Menschen. Medienkompetent in diesem Sinne wäre der Mensch, der die Vorteile verschiedener Medien sinnvoll für sich zu nutzen weiß und ihre nachteiligen Effekte für sich selbst möglichst weit minimiert. Kindern in diesem Sinne Medienkompetenz zu vermitteln, ihnen zu helfen, Herr über die Medien zu bleiben, anstatt sich von ihnen beherrschen zu lassen, ist eine wichtige Aufgabe von Schule. Denn über eine hohe Medienkompetenz in diesem Sinne ist es möglich, sich Informationen gezielt zu suchen, sie einzuordnen und zu bewerten, ohne sich von anderen vorbeten zu lassen, was man davon zu halten hat. Das jedoch hat nichts damit zu tun, *digital first* als handlungsleitendes Mantra im pädagogischen Alltag zu verwenden.

Kompetenz bedeutet Freiheit

Um den Kern von Medienkompetenz zu erfassen und damit auch zu verstehen, welchen Beitrag Schule hier zu leisten hat, ist es sinnvoll, sich Folgendes anzuschauen: Welche positiven Folgen hat jeder Medienwechsel gezeitigt? Immer einen größeren Grad von Freiheit. Freiheit, vorher geheime oder verschlossen gebliebene Informationen zu bekommen, Freiheit, das eigene Denken in neue Richtungen zu lenken, Freiheit, Bildung zu erlangen, die das eigene gesellschaftliche und politische Bewusstsein erweitert und damit auch neue Wege im persönlichen Leben ermöglicht.

Wir sehen dieses Phänomen an verschiedenen Stellen der Mediengeschichte. Insbesondere die Erfindung des Buchdruckes ist zu nennen, die eine weite Verbreitung von Schriften erlaubte und sie damit nach und nach dem kleinen eingeweihten Kreis der gebildeten Schichten in Wissenschaft und Theologie entriss. Die strukturellen Parallelen zur Digitalisierung sind offensichtlich. Denn gleichzeitig mit der weitaus größeren Verfügbarkeit von Informationen ergab sich auch eine Überforderung des Nutzers durch die schiere Menge an Informationen. Auch waren diese wesentlich weniger gefiltert als vorher, wo vornehmlich die Kirche als *Gatekeeper* fungierte. Zwar dominierten kirchliche Schriften auch noch die Frühphase des Buchdruckes, doch verbreiteten sich nach und nach auch andere Themen und Ansichten über die vergleichsweise massenhafte Verfügbarkeit von Schriften. Heute erleben wir diesen Effekt in potenzierter Form. Waren in analogen Zeiten Journalisten und Wissenschaftler *Gatekeeper*, die Informationen vor ihrer weiteren Verbreitung filterten und längst nicht alles auf den Normalnutzer losließen, so sind mit den Möglichkeiten ungeprüften Publizierens im Netz scheinbar alle Barrieren gefallen. Jeder kann alles schreiben, jeder kann alles finden, es ist aber eben auch jeder allein mit dem, was er schreibt, liest, sieht und hört.

Weitere medienhistorische Eckpunkte lassen sich nennen, Luthers Bibelübertragung gehört in diese Reihe, genauso aber auch beispielsweise die Einführung des Taschenbuches durch den Rowohlt Verlag nach dem Zweiten Weltkrieg in Deutschland, die Bücher erschwinglicher machte und damit noch weiterverbreitete.

Wenn Schule also Medienkompetenz vermitteln soll, dann geht es letztlich darum, für den Umgang mit unterschiedlichen Medien zu sensibilisieren und zu verdeutlichen, dass medial dargebotene Informationen immer nur Grundlage des eigenen Denkens sein können und stets kritisch geprüft werden müssen. Kompetent in diesem Sinne ist der Schüler, der es versteht, die Freiheit, die die Digitalisierung und die Möglichkeit des

Gebrauches unterschiedlichster Medien ihm geben, sinnvoll zu nutzen. Kompetent ist derjenige, der aufgrund von Faktenwissen und kritischem Bewusstsein in der Lage ist, Informationen zu bewerten und die Spreu vom Weizen zu trennen.

Bildschirme lächeln nicht – kleiner entwicklungspsychologischer Exkurs

Vielen Eltern, und wohl auch vielen Lehrern, ist nicht so recht klar, was an der Durchdigitalisierung des Lebens und damit auch des schulischen Lernens problematisch sein könnte. Sie haben zwar ein merkwürdiges Bauchgefühl, dass hier nicht alles Gold sein könnte, was glänzt, wollen aber auch nicht als Fortschrittsverweigerer und rückständige Steinzeitmenschen vor ihrem Umfeld dastehen. Also gehen viele über dieses Bauchgefühl hinweg und nehmen, was der digitale Markt ihnen so zu bieten hat. Während das im Kleinkindbereich noch vor etwa zehn Jahren hauptsächlich blinkende und piepende »Lerncomputer« waren, die optisch mehr schlecht als recht einem »echten« Laptop nachempfunden wurden, hat die *Smart-Mania* heute auch auf die Jüngsten voll durchgeschlagen. Mit diversen Apps für Kleinkinder wird suggeriert, Eltern täten gut daran, bereits den frisch geschlüpften Nachwuchs in die digitale Welt einzuführen. Aus der Kritik am Fernseher als Babysitter scheinen viele Menschen nicht allzu viel gelernt zu haben, im Gegenteil. Ist das TV-Gerät immer noch Bestandteil der Kinderbetreuungsstrategie in vielen Haushalten, so sind digitale Geräte nun noch hinzugekommen. Und seit der Fernseher in den meisten Familien ohnehin ebenfalls im Heimnetz hängt, hat er per digitalem Streaming auch hier seinen Platz gefunden.

Leider haben all diese Geräte einen entscheidenden Nachteil, den auch die intensivste Forschung zur künstlichen Intelligenz nicht aus der Welt schaffen wird: Sie sind keine

Lebewesen. Das mag im ersten Moment banal klingen, ist es aber keineswegs. Die Befürworter und Propagandisten voll digitalisierter Bildung argumentieren gern mit der scheinbar unendlichen Fülle an Möglichkeiten, die das Netz in Kombination mit der entsprechenden Hardware bietet. Was dabei komplett außen vor bleibt, ist die Beziehungsebene, die für das Lernen vom Kleinkind bis zum erwachsenen Menschen eine entscheidende Rolle spielt.Kleine Kinder brauchen für die Entwicklung ihrer Psyche ein menschliches Gegenüber, das auf ihre Aktionen reagiert. Sie erkennen an der Mimik dieses Gegenübers, dass es eine Außenwelt gibt, die mit ihnen interagiert. Auch ältere Kinder, Jugendliche und Erwachsene brauchen das. Sonst kann keine Beziehung entstehen. Nicht umsonst sprechen wir vom Nutzer, oder neudeutsch User, eines Gerätes. Das digitale Endgerät ist nicht mehr als ein Werkzeug, das vom Menschen zu einem bestimmten Zweck gebraucht werden soll, den er zu definieren hat. Es interagiert aber nicht mit ihm, auch wenn digitale Kommunikation diese Illusion erzeugen soll. Vor einiger Zeit sah ich eine Karikatur, auf der zwei als Kolonialherren erkennbare Männer einem indigenen Menschen in seiner urtümlichen Umgebung einen Laptop überreichen. Während einer der beiden Kolonialherren sagt: »We bring you the connection to the modern world«, ergänzt der zweite anscheinend selbstverständlich: »Next month we will be back with antidepressants.« Diese kleine Szene beschreibt in zwei Sätzen und drei Figuren sehr gut sowohl die Gefahren als auch die Versprechungen und die Konsequenzen, die die Digitalisierung der Menschheit gebracht haben. Wir sind *connected*, verbunden, wenn wir wollen, mit der ganzen Welt. Ein Videocall mit dem anderen Ende der Welt? Sofort und kostenlos möglich. Eine schnelle Erklärung für ein handwerkliches Problem? Ein paar Klicks auf YouTube reichen.

Der Preis für die übersteigerte Nutzung dieser Technologie jedoch ist hoch. Ein Mensch, der ausschließlich via Bildschirm kommunizieren kann, ist einsam und erleidet psychisch auch all die Konsequenzen, die Einsamkeit mit sich bringen kann. Auch diesen Effekt konnten wir durch die Coronazeit in den letzten anderthalb Jahren sehr gut beobachten. Die massiven Kontaktbeschränkungen, der Rückzug der Arbeitswelt ins Homeoffice, einsame Tode alter Menschen in Heimen, die Schulschließungen: All das hat nach Rückmeldung vieler Psychologen und Psychotherapeuten erhebliche Auswirkungen auf die psychische Gesundheit der Menschen gehabt. Es ist ein Anstieg depressiver Erkrankungen zu verzeichnen, der uns als Gesellschaft noch sehr viel länger beschäftigen wird als das rein medizinische Phänomen »Coronavirus«.

Es wäre also im Grunde nur notwendig, sich diese Auswirkungen vor Augen zu führen, um zu verstehen, warum Digitalisierung für schulisches Lernen immer nur Ergänzung und niemals Ersatz für beziehungsbasierte Unterrichtsformen sein kann. Was sich hier auch offenbart, ist die Tatsache, dass die offenen Unterrichtsformen, die einen Rückzug des Lehrers aus der Kommunikation mit den Schülern bedingen, gewissermaßen der Link zwischen klassischem und digitalisiertem Lernen sind. Sie haben der Sichtweise den Weg bereitet, dass es für den Lernerfolg wichtiger sei, wenn Schüler sich selbstständig aussuchen, was sie lernen wollen, als wenn sie dabei zumindest zum Teil nach Anleitung durch Lehrer verfahren.

Wir brauchen ein Konzept, auf dessen Basis sich digitales Lernen in die Reihe klassischer Lernformen einfügt. Wie, wann und ob man digitale Lernformen einsetzt, ist stark vom Alter der Schüler abhängig. Sogenannte Tablet- oder Laptopklassen an Grundschulen, die suggerieren, den sechs- bis zehnjährigen Schülern damit Medienkompetenz beizubringen, sind tatsächlich ein Irrweg der Digitalisierung, der mehr schadet als nützt.

Das Gehirn der Schüler ist in diesem Alter für diese Art des Lernens genauso wenig bereit, wie es mit dem überwiegenden Einsatz offener Lernkonzepte zurechtkommt.

It's the economy, stupid! Warum es bei Digitalisierung vor allem um Geld statt um Pädagogik geht

Bis zu einem Alter von etwa zwölf Jahren würde man entwicklungspsychologisch gesehen mit dem kompletten Verzicht auf elektronische Lernhelfer keinen Fehler machen. Natürlich ist das eine Sichtweise, die für die meisten am Bildungswesen beteiligten Menschen absurd klingt, und sie in die Tat umzusetzen, mutet wie ein mächtiges Zurückdrehen des Rades der Bildungsgeschichte an. Ich mache mir auch nicht die Illusion, diesen Zustand mit ein paar Anmerkungen in diesem Buch herbeiführen zu können. Gleichwohl lautet der Appell, das Rad zumindest langsamer zu drehen und bei den Bildungsbemühungen in jungen Jahren nicht vom falschen Ende her zu denken. Wer die Faszination des vermeintlichen Fortschrittes einmal beiseitelässt, wird schnell erkennen, dass der Einsatz digitaler Medien bis zum Ende der Grundschule vor allem ökonomischen Interessen folgt und nicht pädagogischen. Mit dem gesamten Bildungswesen steht allen Beteiligten des Digitalwesens, von den Hardwareproduzenten über die Softwareanbieter und Anbieter der Netzstrukturen bis zu den Entwicklern, ein riesiger Markt offen, der zudem in vielen Bereichen durch öffentliche Gelder massiv subventioniert wird. Hier ist eine Eigendynamik entstanden, die ganz zuletzt diejenigen berücksichtigt, die am Ende von digitalen Endgeräten anstatt von menschlichen Lehrern unterrichtet werden. Wie wenig diese Zusammenhänge reflektiert werden, zeigt als ein Beispiel von vielen folgendes Zitat aus einer Publikation der Bundeszentrale für politische Bildung aus dem Jahr 2017:

> »Der Bildungssektor ist also ein (digitaler) Wachstumsmarkt: Das Statistische Bundesamt prognostiziert für den Zeitraum 2007 bis 2018 eine Umsatzentwicklung von 8,31 Mrd. hin zu rund 11,54 Mrd. Euro in der Branche Erziehung und Unterricht. Zudem muss das Bildungswesen die Lernenden auf einen Arbeitsalltag in einer vernetzten Industrie und auf eine zunehmend digitalisierte Gesellschaft vorbereiten und ihnen entsprechende Medienkompetenz vermitteln. Um das zu gewährleisten, ist auch in der Schule ein selbstverständlicher, frühzeitiger und kritischer Umgang mit digitalen Medienangeboten notwendig.«[19]

An diesem kurzen Zitat ist so viel problematisch, dass man gar nicht weiß, wo man anfangen soll. Die Autorin stellt zunächst einen enormen Umsatzzuwachs des digitalen Bildungsmarktes von mehr als drei Milliarden Euro fest, ohne wirklich zu hinterfragen, wie dieser zustande kommt. Viel bedenklicher ist allerdings die Schlussfolgerung, die aus diesen nackten Zahlen gezogen wird. Wenn also so viel Geld im Spiel ist, folgert die Autorin, müsse das doch Anlass sein, die Menschen auf den digitalisierten Arbeitsmarkt vorzubereiten, und zwar: »frühzeitig«. Da ist es wieder, das Zauberwort. Es ist ähnlich wie beim frühen Fremdsprachenlernen, das ebenfalls immer noch recht kritiklos als Garantie dafür gilt, dass sich Kinder im Alter von vier oder fünf Jahren später einmal in einer globalisierten Arbeitsgesellschaft zurechtfinden. Nie war das alte Sprichwort vom frühen Vogel und seinem Wurm wertvoller als heute, egal worum es geht, Hauptsache, es findet frühzeitig statt. Das ist auf menschliche Entwicklung bezogen eine Sichtweise, die, vorsichtig formuliert, nicht auf einen besonders hohen Bildungsgrad schließen lässt.

Auch das Zauberwort von der »Medienkompetenz« darf in dem kurzen Abschnitt natürlich nicht fehlen, dient es doch als Ausweis dafür, dass all das Geld sinnvoll eingesetzt wird und nicht nur dazu dient, die Aktienkurse diverser Unternehmen zu beflügeln. Zu guter Letzt soll die »Medienkompetenz« und das »frühzeitige« Angebot digitaler Bildung dazu führen, gleichzeitig »selbstverständlich« und »kritisch« mit digitalen Medienangeboten umzugehen. Unschwer zu erkennen, dass hier lediglich Stichwort-Dropping betrieben wird. Entweder ich nehme ein Angebot als selbstverständlich wahr oder ich hinterfrage es kritisch. Beides gleichzeitig ist ein Widerspruch.

Für Unternehmen im Digitalmarkt, sowohl auf Hardware- als auch auf Softwareseite, eröffnen sich mit dem Bildungsmarkt auf jeden Fall ungeahnte Möglichkeiten. Selten war es leichter, mit Unterstützung durch die öffentliche Hand an eine große Breite von Zielgruppen heranzukommen, um nachhaltige Marken- und Produktbindungen aufzubauen. Sowohl Lehrer und Lehrerinnen als auch Eltern und Kinder von frühester Kindheit an sehen sich einem unüberblickbaren Angebot ausgesetzt, dem sie sich nicht einmal, wie auf dem freien Markt, als mündige Konsumenten entziehen können. Wer hier als Unternehmen einmal Fuß gefasst hat, hat heutige und zukünftige Kunden mit einem Fischzug ins Netz bekommen. Das wäre auf dem normalen Markt in der Regel nur durch teure Marketingmaßnahmen und groß angelegte Werbekampagnen unter enormem Streuverlust möglich. Hier muss den Zielgruppen das eigene Produkt einfach nur in die Hand gedrückt werden, und sie sind darauf angewiesen, es zu nutzen. Ein Traum für jeden Marketingmenschen.

Doch es ist nicht nur das Schmackhaftmachen der Hardware eines bestimmten Herstellers, was diesen Markt so attraktiv macht. Gleichzeitig geht es auch um Software, am besten in Form von Abonnements, und vor allem auch um die härteste Währung im Lande Digitalien: Daten.

Wer die unterschiedlichen Angebote nutzen möchte, muss in der Regel Nutzerprofile anlegen, sich registrieren oder sogar Abos abschließen. Nicht immer ist das kostenpflichtig, vor allem bei den Basisangeboten; in diesem Fall kommt den Daten eine nicht zu unterschätzende Bedeutung zu. Sie sind die Wertanlage für die Unternehmen, die im Anschluss an die entsprechenden Registrierungen vergoldet werden können. Dabei ist der Kontakt logischerweise künftig nicht auf den Bildungsbereich beschränkt, sondern es können auch Angebote aus allen möglichen anderen Tätigkeitsfeldern, etwa eines Softwareproduzenten, gezielt an den Konsumenten gebracht werden.

Zielgruppe sind indes bei diesen Bemühungen nicht nur die Nutzer auf Lehrer-, Eltern- und Schülerseite, sondern vor allem auch die politischen Ebenen mit denjenigen, die Entscheidungsbefugnisse haben. Wenn hier die entsprechenden Kontakte geknüpft und vertieft wurden, hält man als Unternehmen unter Umständen eine Lizenz zum Gelddrucken in Händen. Diese Lizenz wird weiter von den Institutionen erteilt, sobald dort erst einmal ein bestimmtes System flächendeckend etabliert worden ist. Eine Schule oder auch ein Schulträger, der sich für bestimmte Firmen und Produkte entschieden hat, wird in der Folgezeit alles daransetzen, davon nicht abweichen zu müssen, weil das teure und komplizierte Vorgänge in Bewegung setzen würde, die die ohnehin überlasteten Verwaltungsstellen sich gern ersparen. Hat ein Unternehmen also erst mal einen Fuß in der Tür des Systems, so steht diese bald sperrangelweit offen, und es kann immer mehr hindurchgetragen werden.

Man sieht an diesen Ausführungen, dass die hehren Worte von den Chancen, die die Digitalisierung für Bildung, Wissen und Zukunft der Schüler sowie der Gesellschaft ganz allgemein bietet, sich nicht von den ökonomischen Interessen abkoppeln lassen, die auf Produzentenseite dahinterstehen. Das ist einerseits in einer Marktwirtschaft natürlich ein legitimes Interesse, andererseits in einem solch sensiblen Bereich mit enormen gesellschaftlichen Auswirkungen auch ein Interesse, das einer gewissen politischen Steuerung bedarf. Diese Steuerung kann beispielsweise darin bestehen, dass sich die Entscheidungsträger nicht von der »Höher-schneller-weiter«-Ideologie der Konzerne blenden lassen, sondern Entscheidungen über Digitalisierungsthemen immer auch vor dem Hintergrund der pädagogischen Sinnhaftigkeit treffen. Um diese festzustellen, ist dann auch auf Schulseite ein kritisches Bewusstsein notwendig, das an der einen oder anderen Stelle auch mal »brauchen wir nicht« sagt. Schaut man sich die Diskussionen über die Digitalisierung im Bildungswesen aktuell an, hat man nicht den Eindruck, dass dieses Bewusstsein flächendeckend vorhanden ist, vielmehr zeigt sich an vielen Stellen ein erschreckend unkritisches Hinnehmen, ja eine fast schon kindliche Begeisterung der Entscheidungsträger für alles Neue. Bedenken aus entwicklungspsychologischer und pädagogischer Sicht werden dafür in den Hintergrund gerückt. Man möchte nur nicht unmodern erscheinen. Zusätzlich gibt es auf politischer Ebene natürlich auch immer noch den einen oder anderen Fördertopf anzuzapfen, auch das ein nicht zu vernachlässigendes Argument für Entscheidungen, die sich dem neutralen Beobachter nicht immer sofort erschließen.

Während die direkten Interessen und Einflussnahmen durch Hard- und Softwareunternehmen sich verhältnismäßig schnell erschließen, gibt es weitere Bereiche, die nicht auf den ersten Blick auffallen. Allerdings sind diese vielleicht sogar noch kritischer zu betrachten, da es sich nicht um den Verkauf von Geräten oder Infrastrukturlösungen, sondern um inhaltliche Fragen handelt. Gemeint sind die Erstellung und das Anbieten von Lernmaterialien durch große Unternehmen. Vor allem im technisch-naturwissenschaftlichen Bereich gibt es hier einige Anbieter, die über eigene Plattformen Materialien und Informationen zur Verfügung stellen, die an Schulen und anderen Bildungseinrichtungen lizenziert und genutzt werden können, zum Teil sogar kostenfrei. Hier sind Bildungseinrichtungen und ihre verantwortlichen Personen aufgefordert, genau hinzuschauen und zu hinterfragen, welche inhaltlichen Interessen gegebenenfalls hinter solchen Aktionen stecken. Gleichzeitig kann das auch Anlass sein, die Wichtigkeit von pluralistischen Formen der Informationsvermittlung zu betonen und den Schülern zu erklären, dass echte Meinungsbildung immer nur möglich ist, wenn verschiedene Quellen konsultiert werden.

Wir sehen also deutlich, dass dem ungebrochenen Digitalisierungshype kritisch zu begegnen ist, weil wir sonst Gefahr laufen, immer neue Brandherde im System zu schaffen. Diese Thematik berührt unmittelbar das Neutralitätsgebot, das für Schulen essenziell sein muss. Der Bildungssektor ist immer und überall Beeinflussungsversuchen von außen ausgesetzt, weil hier die Grundlagen für das Leben der Menschen gelegt werden. Umso sensibler sollten wir für diese Beeinflussungen sein und sie unabhängig von technischen, ideologischen oder sonstigen Trends und Moden reflektieren.

SCHULE NEU DENKEN – JENSEITZ VON POLITIK UND IDEOLOGIE

Wie die bisherigen Ausführungen gezeigt haben, liegt das Kernproblem von Schule darin, dass wir es hier mit einem der größten Spielfelder von Politik, Wirtschaft und Ideologie zu tun haben. Die junge Generation ist auf diesem Feld Spielball der Interessen und Vorstellungen der älteren Generation, die entweder all das verwirklicht sehen möchte, was es zu ihrer Zeit in der Schule nicht gab, oder im Gegenteil zu allem zurückmöchte, was zu ihrer Zeit gang und gäbe war. Beides ist nicht zielführend und zeugt eher von ideologisch motiviertem Wunschdenken als von Realitätssinn.

Darüber hinaus wird die Diskussion auf politischer und wissenschaftlicher Ebene häufig genug von Menschen geführt, die ihrerseits mit dem Schulalltag wenig Berührung haben. Ein gewisser Abstand zur Sache muss der Entscheidungsfindung zwar nicht abträglich sein, wenn Schule jedoch nur noch Gegenstand theoretischer Erwägungen ist, hilft das niemandem.

So ist Schule oft genug – und damit zu oft – Experimentierfeld, wie ich eingangs schon ausführlicher am Beispiel des »Lesen durch Schreiben«-Experimentes erläutert habe. Ein anderes Experiment, bei dem die Bildungspolitik gerade versucht, auf der hinterlassenen verbrannten Erde neues Leben entstehen zu lassen, ist die Verkürzung der Schulzeit bis zum Abitur unter dem Stichwort »G8«. Mittlerweile kehren die meisten Länder wieder zum »G9« zurück, haben also das geklaute Jahr mehr oder weniger stillschweigend wieder in die Schullaufbahn der Abiturienten eingefügt.

Wer nach wissenschaftlichen Begründungen für die Einführung des G8-Systems sucht, wird nicht so recht fündig. Das ist allerdings auch nicht verwunderlich, denn diese Begründungen gibt es nicht. Mit einer gehörigen Portion Chuzpe hat man hier eine tiefgreifende Veränderung des Systems unternommen, einzig und allein aus dem Grund, der Wirtschaft früher Arbeitskräfte zur Verfügung zu stellen. Das ist nicht zuletzt deshalb ein echter Schildbürgerstreich, weil es gerade die Wirtschaft ist, die über die Jahre hinweg immer lauter über nicht ausbildungsfähige Schulabgänger klagt, und das nicht zu Unrecht, wie beispielsweise die Ausführungen der Friseurmeisterin Ulla Maass an anderer Stelle in diesem Buch zeigen. Anders gesagt: Man war sich zwar bewusst, dass die Schule immer größere Schwierigkeiten hat, in der zur Verfügung stehenden Zeit die Voraussetzungen dafür zu schaffen, dass Schüler im Arbeitsleben bestehen können, war aber trotzdem der Ansicht, dass das alles auch mit einem Jahr weniger Schule zu schaffen sein müsse.

Nebenbei bemerkt ist die Umstellung von G9 auf G8 nicht die einzige Veränderung, die auf dem Ziel beruht, Jugendliche so früh wie möglich dem Arbeitsmarkt zuzuführen. Auch die jahrelang ständig vorgezogenen Einschulungstermine dienten diesem Zweck. War meine Tochter im Jahr 2003 mit dem Geburtsmonat Oktober noch ein sogenanntes »Kann-Kind«, das problemlos ein Jahr zurückgestellt werden konnte, um wirklich Schulreife zu entwickeln, war das nur vier Jahre später bei meinem Sohn mit einem lediglich zwei Wochen früher liegenden Geburtstag schon nur noch unter Aufbietung aller möglichen bürokratischen Finessen und mit sehr guter Begründung möglich. Auf diese Weise sind jahrelang Fünfjährige eingeschult worden, die kaum die nötige Reife besaßen, um einen gelungenen Start in der ersten Klasse der Grundschule hinzulegen. Diese fehlende Reife zog sich dann bei vielen durch die gesamte Schullaufbahn und gipfelte in diversen 17-jährigen Abiturienten mit zum Teil eingeschränkter Studien- und Berufsreife, wenn frühe Einschulung und G8 eine unheilvolle Allianz eingingen.

Hier zeigt sich die Diskrepanz zwischen der allgegenwärtigen Kompetenzorientierung und einem Bildungsbegriff, der deutlich darüber hinausgeht. Ihre Fortsetzung findet die Denkweise, die solche Reformen hervorgebracht hat, in der Umgestaltung der akademischen Ausbildung unter dem Stichwort Bologna-Reform. Die starke Verschulung vieler Studiengänge, um auch hier die Absolventen in möglichst kurzer Zeit der Wirtschaft zur Verfügung stellen zu können, ist die notwendige Konsequenz aus der auf Effektivität getrimmten Schulkarriere, auch wenn diese durch so viele andere Umstände letztlich ein Hort der Ineffizienz geworden ist.

An diesem Punkt müssen wir ansetzen. Wenn ein System, das effektiv sein soll, im Ergebnis nichts Halbes und nichts Ganzes hervorbringt, gibt es am Ende ausschließlich Verlierer. Anders gesagt: Es ist über all die Jahre enorm in die Straffung und Optimierung von Schul- und Unikarrieren investiert worden, der Output ist jedoch, gelinde gesagt, eine einzige *underperformance*. Auch hier zeigt sich sträflich, wie sehr es den Bildungsgedanken schädigt, wenn einzelne Aspekte der Bildungspolitik mit Scheuklappen separat geregelt werden. Eine derartige Hochgeschwindigkeitsschulkarriere wäre überhaupt nur dann halbwegs sinnvoll zu realisieren, wenn entsprechendes Personal zur Verfügung stünde, um die Schüler auf diesem Weg zu leiten. Auch eine entsprechende Ausstattung der Schulen von den Räumlichkeiten bis zum Digitalequipment wäre eine notwendige Voraussetzung. Nichts von dem ist jedoch vorhanden. Damit ist der Gedanke einer schnelleren und früheren Ausbildung der Kinder und Jugendlichen von vornherein ein Rohrkrepierer gewesen. Der Wirtschaftspädagoge Gerald Lembke hat dafür ein anschauliches Bild gefunden: »Warum erzeugt der enorme Druck, den die Schule schon auf die Kleinsten ausübt, so wenig Ergebnisse wie ein Auto, dessen Fahrer im Leerlauf Vollgas gibt?«[20]

Dieses Bild ist auch deshalb anschaulich, weil es verdeutlicht, dass die Leistungsfähigkeit eines Systems immer davon abhängt, dass seine einzelnen Komponenten zueinanderpassen. Das Auto kann noch so viel Motorleistung zur Verfügung haben: Wenn das Getriebe nicht geeignet ist, diese auf die Straße zu bringen, wird es nicht schneller fahren als irgendein Kleinwagen, oder es wird eben gar nicht erst losfahren und keinerlei Fortschritt hervorbringen. Das deutsche Schulsystem versucht immer wieder, als Tiger zu springen, und landet als Bettvorleger.

Dieses Problem zeigt sich auch beim leidigen Thema Geld. Zunächst kennt wohl jeder das Gefühl, wenn er bei der Nachrichtenlektüre zum wiederholten Male von staatlichen Ausgaben in Milliardenhöhe für Projekte liest, bei denen sich spontan der Gedanke aufdrängt, dass dieses Geld besser in die Bildung geflossen wäre. Indes: Der Grundsatz »Viel hilft viel« gilt in der Bildung so wenig wie auf den meisten anderen Gebieten. Die Höhe der Bildungsausgaben ist nicht gleichbedeutend mit der Qualität der Bildung. So gab Sachsen, das im innerdeutschen Bildungsvergleich zuletzt vorne lag, 2017 7.400 Euro pro Schüler aus, während man in Berlin, traditionellerweise am Ende der Bildungstabelle, mit 9.700 Euro immerhin fast ein Drittel mehr investierte, um mit Vollgas auf der Stelle stehen zu bleiben.

Daraus folgen zwei Dinge: Es kommt einerseits darauf an, wofür das Geld ausgegeben wird, und andererseits spielen weiche Faktoren eine größere Rolle als diejenigen, die stets glauben, mit ausreichend staatlichem Geld könne man alle Probleme der Welt beseitigen. Vor diesem Hintergrund ist es nebenbei gesagt kein Wunder, dass in der Regel diejenigen Bundesländer mit traditionell sozialdemokratischer Führung in den Leistungsvergleichen meistens eher hinten liegen. In diesem Milieu hat der Gedanke, dass ausreichend Steuergeld schon alle Probleme lösen wird, stets Konjunktur. Leider vergisst man darüber gern, dass eine ordentliche finanzielle Grundausstattung gute Bildung zwar erleichtern kann, sie jedoch nicht hervorbringt.

Statt diesen Gedanken zu verfolgen und über die Voraussetzungen von Bildung nachzudenken, setzt man vor allem auf Abschlüsse. Der Abschluss ist gewissermaßen der Beweis, dass Kompetenzen erworben wurden. Ein Beweis für die Erlangung von Bildung ist er indes nicht. Wie wichtig die Sache mit den Abschlüssen ist, zeigt ein Blick in das Wahlprogramm der Grünen zur Bundestagswahl 2021. Dort heißt es explizit: »Kein Bildungsschritt soll ohne Abschluss bleiben.«[21] Klingt gut, ist aber Sozialromantik in Reinkultur. Indes: Diese Fokussierung auf den »Abschluss« als Ausweis gelingender Bildung korrespondiert hervorragend mit der bereits erwähnten Inflation guter Abiturnoten. Hier werden Scheingefechte ausgefochten, die am Ende den Sieg über Bildungsungerechtigkeiten simulieren.

Auch bei der Frage der Fixierung auf den Abschluss hat die Coronazeit als Vergrößerungsglas gewirkt. Während Schüler und Eltern sich gleichermaßen fragten, wie mit den Umständen des Distanzlernens auch nur annähernd die Vermittlung des Unterrichtsstoffes gelingen kann, ging es der Politik vorrangig darum, Abschlüsse sicherzustellen.

Das zeigte sich beispielsweise daran, dass es bei der Diskussion um den Verbleib oder die Rückkehr in den Präsenzunterricht stets zunächst mal um die »abschlussrelevanten Jahrgänge« ging. Ganz offensichtlich lag der Fokus vor allem darauf, nach außen zu demonstrieren, dass man auch unter Pandemiebedingungen noch zähl- und messbare Ergebnisse produzieren könne. Und was bietet sich da besser an, als alle betroffenen Schüler auf Gedeih und Verderb durch die Prüfungen zu schleusen. Klausuren geschrieben, Noten eingetragen, Abschlusszeugnisse ausgehändigt – das schien das einzige noch verbliebene Bildungsziel während Corona zu sein, lapidar formuliert von Berlins Bildungssenatorin Sandra Scheeres, als sie sagte, junge Menschen bräuchten gute Bildung und Schulabschlüsse für ihre Zukunft. Daher gelte es, verantwortungsvoll abzuwägen zwischen dem nötigen Gesundheitsschutz und dem Recht auf Bildung.[22] Die scheinbar selbstverständliche Verbindung zwischen »guter Bildung« und einem Abschluss ist auffällig. Noch auffälliger – oder sollte man sagen: abfälliger – allerdings drückte es der bayerische Ministerpräsident Markus Söder aus, als er feststellte, Schule und Kita hätten ja schließlich »den Sinn und Zweck, die Wirtschaft am Laufen zu lassen«. Deutlicher kann man als Politiker wohl kaum ausdrücken, wo man den Platz von Schule und allen am System Schule Beteiligten sieht.

Die Fixierung auf Geschwindigkeit, Abschlüsse und vermeintliche Effektivität des Bildungssystems ist das eine, der immer weichgespültere Weg, all das zu erreichen, das andere. Geschwindigkeit und Effektivität, so sollte man meinen, bekommt man vor allem mit straffer Organisation und hohen Leistungsanforderungen hin. Im Schulsystem mogelt man sich allerdings auf genau die entgegengesetzte Weise durch.

Man könnte es auch provokanter formulieren. Anstatt sich einzugestehen, dass vor allem die in den letzten 20 Jahren massiv propagierten offenen Lehrmethoden nicht den gewünschten Erfolg zeigen, kaschiert man diese Misserfolge mit einer Absenkung der Leistungsanforderungen und suggeriert damit einen Erfolg, den es tatsächlich gar nicht gibt. Auch hier lohnt ein Blick in das grüne Wahlprogramm: Unterricht sei demzufolge so zu gestalten, dass »er den natürlichen Wissensdurst, die Neugier und die Spielfreude junger Menschen fördert«. Eine Blendgranate reinster Güte. Wer sich mit Lehrern unterhält, die aus langjähriger Erfahrung nicht jede pädagogische Neuerung sofort mit lautem Hurragebrüll begrüßen, bekommt immer wieder zu hören, wie überfordert ein großer Teil der Schüler, vor allem in jungen Jahren, damit ist, sich quasi selbst unterrichten zu müssen. Denken wir an Lernformen wie die sogenannte Lerntheke, bei der die Schüler frei entscheiden sollen, womit sie sich denn heute mal beschäftigen wollen – und zwar jeder für sich, noch nicht einmal als Klassengemeinschaft. In einer Information zur Lehrerfortbildung in Baden-Württemberg ist das Ziel dieser Methode so beschrieben:

> »Die Schüler / innen erwerben in Eigenverantwortung Lerninhalte, die sie an der zentral aufgebauten Lerntheke ihren Kenntnissen entsprechend aussuchen, bearbeiten und auswerten. Die Auswahl und die Reihenfolge legen sie selbstständig fest. Ziel ist es, die folgende Kompetenzstufe zu erreichen.«[23]

Natürlich darf der Verweis auf die »Kompetenz« nicht fehlen, viel wichtiger ist jedoch die immer noch vorherrschende Illusion, mit einer derartigen Unterrichtsform könnten die angeblichen Nachteile des viel gehassten Frontalunterrichtes ein für alle Mal überwunden werden. Dabei darf auch nicht übersehen werden, dass es sich bei der Lerntheke nur um ein hier wahllos herausgegriffenes Beispiel handelt. Allein auf der hier zitierten Fortbildungsseite aus Baden-Württemberg werden 20 (!) verschiedene Unterrichtsformen vorgestellt: »Einzelarbeit, Fallstudie, Frontalunterricht, Gruppenarbeit, Gruppenpuzzle, Kugellager, Lerntempoduett, Lerntheke, Lernzirkel, Moderationsmethode, Partnerarbeit, Partnerpuzzle, Planspiel, Projektarbeit, Reziprokes Lesen, Rollenspiel, Sortieraufgabe – Strukturlegen, Think-Pair-Share, Übungsfirmenkonzept, Wachsende Gruppe.«

Es geht hier gar nicht darum, einzelne Methoden und Konzepte zu verteufeln oder hochzujubeln. Es finden sich gewiss hier und da sinnvolle Ansätze. Allein die schiere Anzahl unterschiedlicher Methoden zeigt jedoch, dass sich hier eine Denkweise eingeschlichen hat, die auf die zunehmende Heterogenität von Schülergruppen mit einer nicht minder heterogenen Methodenlehre zu reagieren gedenkt. Was dabei übersehen wird, ist die Tatsache, dass kognitive Vorgänge im menschlichen Gehirn gar nicht so heterogen sind, sondern bei allen Menschen ähnlich funktionieren. Dazu passen Ergebnisse der Kognitionsforschung, die belegen, dass offene Unterrichtsformen in den Gehirnen der Schüler nicht automatisch die kognitiven Strukturen hervorbringen, mit denen das frisch erworbene Wissen verarbeitet werden kann. Entscheidend ist dabei die Qualität des Vorwissens. Schüler, die darüber verfügen, sind mit einem gewissen Maß an offenen Methoden im Unterricht besser zu erreichen und können unter Umständen zu besseren Leistungen animiert werden als ihre Mitschüler ohne Vorwissen. Letztere werden durch offene Methoden demotiviert und überfordert. Der Erziehungswissenschaftler Martin Wellenreuther formuliert das so:

> »In einem Punkt waren die Ergebnisse sehr eindeutig [Wellenreuther bezieht sich auf eine Studie der Forscher Tuovinen und Sweller von 1999, Anm. d. Autors]: Wenn keine Vorkenntnisse vorhanden waren, dann lernten die

Probanden durch direkte Instruktion etwa doppelt so viel wie unter der Bedingung ohne genauere Anleitung und Hilfestellung. Wenn jedoch die Probanden schon Vorkenntnisse hatten, ergab sich eine Tendenz, dass die offene Methode zu etwas besseren Ergebnissen führte. Man könnte daraus den Schluss ziehen, dass beide Lager in gewisser Weise Recht haben: Wer einiges weiß, sollte die Möglichkeit erhalten, sich nur um die Aspekte kümmern zu müssen, die er noch nicht hinreichend beherrscht. Wer über einen Gegenstand dagegen sehr wenig weiß, sollte durch eine ausführliche und gut strukturierte Erklärung mit anschließenden Verdeutlichungen an Lösungsbeispielen und Visualisierungen direkt instruiert werden, wobei diese Hilfen den Verständnismöglichkeiten und Vorkenntnissen der Schüler angepasst sein müssen.«[24]

Abgesehen davon, dass ein solches Ergebnis ein wenig Schärfe aus der Methodendiskussion zu nehmen vermag, indem es keinen Königsweg propagiert, sondern auf die Bedürfnisse der Zielgruppe schaut, lassen sich einige interessante Schlüsse ziehen. Zunächst einmal: Die Methodendiskussion darf kein Selbstzweck sein. Hinter dem Einsatz einer Methode (und auch vorher schon hinter ihrer Entwicklung) darf nie ein ideal gedachter Schüler als selbstverständlicher Rezipient stehen, sondern Methoden müssen aus Schülerperspektive gedacht und entwickelt werden. Dabei wäre es sinnvoll, sich auf wenige erprobte offene Formen zu beschränken, um damit in sinnvoller Weise den Frontalunterricht zu ergänzen. Diese Vorgehensweise würde auch in der Lehrerschaft mit Sicherheit auf größere Akzeptanz stoßen, als ständig eine neue Methodensau durchs Schuldorf zu treiben, bei der die Lehrkräfte mehr Zeit darauf verwenden, sich diese anzueignen, als sich mit den Schülern und dem Stoff zu beschäftigen.

Wie aus Wellenreuthers kurzem Abriss deutlich wird, bemüht er sich, das Reizwort »Frontalunterricht« zu vermeiden, und spricht lieber von »direkter Instruktion«. Abgesehen davon, dass mir diese Ersetzung sprachlich etwas unglücklich erscheint, ist der dahinterliegende Gedanke nachvollziehbar. Allein das Wort Frontalunterricht hat etwas unterschwellig Aggressives, es klingt nach einem Frontalaufprall des Lehrers auf die Klasse, also ein wenig wie nach einem Unfall. Sprachlich schwingt hier eine Art Konfrontation zwischen Schüler und Lehrer mit, wogegen sich der offene Unterricht kuschelig, frei und gemütlich anhört. Man sollte solche Assoziationen nicht unterschätzen. Sprache ist immer auch dazu da, bestimmte Vorstellungen in Köpfe einzugraben. Allerdings ist aus dieser Perspektive der Begriff der Instruktion auch nicht so viel besser, hat er doch einen leicht militärischen Beiklang, der Lehrer wird hier leicht zum *drill instructor*, der wiederum Unterricht nur als Einbahnstraße versteht, um etwas in die Köpfe seiner Schüler zu hämmern. Dabei wird immer gern vergessen, dass Frontalunterricht nichts mit Einbahnstraße zu tun hat. Ich habe noch nirgendwo gelesen, dass es Schülern verboten ist, Fragen zu stellen und die »Instruktion« des Lehrers mit eigenen Ideen anzureichern. Frontalunterricht ist ja letztlich nur eine Beschreibung des räumlichen Verhältnisses zwischen Lehrer und Schüler. Dabei ist die auffälligste Gegebenheit dieses Verhältnisses, dass beide Parteien sich gegenseitig anschauen, also körperlich aufeinander ausgerichtet sind. Der Vorteil ist, dass auf diese Art und Weise eine Beziehungsaufnahme zwischen Lehrer und Schüler wesentlich einfacher ist als in allen offenen Formen. Das ist deshalb von entscheidender Bedeutung, weil wir nur über die Beziehung an die vielfältigen Verhaltensauffälligkeiten in den Klassen herankommen.

In offenen Unterrichtsformen ist die Beziehung zwischen Lehrer und Schüler stark vermindert. Das erschließt sich leicht, wenn man sich solche Formen im Klassenraum anschaut oder sie sich bildlich vorstellt. Bei der bereits erwähnten Lerntheke laufen die Schüler durch den Raum, es entsteht allein dadurch Unruhe, und den Lehrer sehen sie nur, wenn sie sich von selbst darum bemühen. Auch die bei Lehrern genauso häufig beliebte wie bei Schülern verhasste Gruppenarbeit an Gruppentischen ist kontraproduktiv im Hinblick auf den Beziehungsaspekt: Wenn eine Gruppe von vier Schülern an einem Gruppentisch sitzt, haben mindestens zwei davon den vorderen Bereich des Klassenraums, in dem der Lehrer sich häufig aufhält, im Rücken, oder alle vier haben ihn seitlich von sich. Diese Schüler müssen also, um nach vorne an Tafel oder Whiteboard zu schauen, stets den Kopf oder sogar den ganzen Körper verdrehen, was nicht zuletzt auch aus gesundheitlichen Gründen nicht der Weisheit letzter Schluss sein kann. Nebenbei bemerkt sieht man daran auch, dass die Frage, ob der Unterrichtsstoff vorne an einer klassischen grünen Tafel mit Kreide oder an einem modernen Whiteboard präsentiert wird, gar nicht so wichtig ist, wie sie manchmal erscheint. Wenn die Schüler nur mit Schwierigkeiten das eine wie das andere erkennen können, ist es letztlich fast egal, was dort hängt.

Die Schüler bekommen jedoch nicht einfach nur zu wenig vom Geschehen im vorderen Bereich mit, sie haben auch den ganzen Unterricht hindurch ein Gegenüber, das ihrem Lernerfolg nicht zuträglich ist, nämlich einen Mitschüler. Das Gegenüber, vor allem bei sehr jungen Schülern, sollte immer der Lehrer sein, der mit seiner natürlichen Autorität und seinem Fachwissen der Fixpunkt ist, den die Schüler brauchen. Endgültig kontraproduktiv wird es, wenn die Schüler die bearbeiteten Aufgaben dann auch noch gegenseitig kontrollieren sollen, ein recht beliebter pädagogischer Kunstgriff. Dabei geht es nicht darum, es falsch zu finden, dass die besseren Schüler den schlechteren helfen, sondern darum, dass die

Position des Lehrers stets eine herausgehobene bleiben muss, um den Kindern Sicherheit zu geben.

Bei diesen Ausführungen muss immer klar sein, dass die Frage der Methoden und auch der »Freiheit« der Schüler altersabhängig zu sehen ist. Offene Methoden mit weitgehend selbstständigem Arbeiten setzen nicht nur, wie bereits erwähnt, ein gewisses Maß an Vorwissen des Schülers voraus, sondern auch ein Mindestalter sowie ein sozialadäquates Verhalten. Damit reduziert sich die Gruppe derer, die für offene Formate überhaupt infrage kommen, schon mal erheblich.

Hier liegt auch der Mangel der Ausführungen Wellenreuthers, der Einfluss des hohen Maßes an Verhaltensauffälligkeiten bei Schülern im heutigen Schulbetrieb kommt bei ihm nicht vor. Die Frage der Unterrichtsform richtet sich ausschließlich am Punkt des vorhandenen Vorwissens aus. Wir sehen hier erneut, dass sich das System Schule nicht steuern lässt, wenn wir immer nur Einzelaspekte betrachten. Ein verhaltensauffälliger Schüler ist trotz gehobenen Vorwissens nicht für offene Formen geeignet, für ihn wäre es wichtig, über die Beziehung zum Lehrer zu lernen, dass er im Kontext Schule (wie auch in anderen Kontexten) nicht alles steuern kann, wie es ihm beliebt, sondern sich auch an seinen Mitmenschen, und hier in erster Linie am Lehrer, auszurichten hat.

Insgesamt krankt die ganze Methodendiskussion vor allem auch daran, dass hier ständig über den Weg gesprochen wird, niemand jedoch das Ziel klar definiert. Auf diese Weise ist der Reisende stets unterwegs, kommt jedoch nie an. Nun gibt es natürlich das schöne Sprichwort, vom Weg, der das Ziel sei, doch wäre es für alle Beteiligten schon gut zu wissen, zu welchem Zweck man sich den täglichen Bemühungen in den Bildungsanstalten eigentlich unterzieht. Doch weiß man das? Wie ist das mit der viel beschworenen Bildung?

WARUM WIR WIDER ÜBER BILDUNG SPRECHEN MÜSSEN – UND WAS FREIHEIT DAMIT ZU TUN HAT

Von Zeit zu Zeit lohnt es, sich wieder grundsätzliche Gedanken über den Auftrag von Schule zu machen. Diese Grundsatzgedanken geraten über die vielen Probleme, die ausschweifenden Diskussionen über Methoden und Konzepte sowie übergelagerte Trendthemen wie die Digitalisierung schnell aus dem Blick. Es werden gewissermaßen einzelne Brandnester gelöscht, und gleichzeitig wird schon über die Wandfarbe in der repräsentativen Aula nachgedacht, während sich niemand darum kümmert, dass der Brand vor allem das Fundament beschädigt hat und dort auch weiter schwelt.

Im Zusammenhang mit dem Auftrag der Schule fällt meistens das unscheinbare und vorgeblich ganz selbstverständliche Wort vom Erziehungsauftrag. Auch vom Bildungsauftrag wird viel gesprochen. Meistens fallen beide Vokabeln im gleichen Atemzug und werden auch als unmittelbar miteinander verbunden verstanden. Dem möchte ich an dieser Stelle entgegentreten und für ein anderes Verständnis des schulischen Auftrags plädieren.

Erziehung versus Bildung – warum hier der Hund begraben liegt

Tatsächlich ist es gar nicht so einfach, die beiden Begriffe voneinander zu trennen, schon gar nicht im Zusammenhang mit Schule. Ein Blick beispielsweise in das Schulgesetz des Landes Nordrhein-Westfalen zeigt gleich im ersten Absatz des Paragrafen 2 die Problematik: »Die Schule unterrichtet und erzieht junge Menschen auf der Grundlage des Grundgesetzes und der Landesverfassung. Sie verwirklicht die in Artikel 7 der Landesverfassung bestimmten allgemeinen Bildungs- und Erziehungsziele.«[25] Um welche Ziele es dabei geht, wird in Absatz zwei konkretisiert: »Ehrfurcht vor Gott, Achtung vor der Würde des Menschen und Bereitschaft zum sozialen Handeln zu wecken, ist vornehmstes Ziel der Erziehung.«

Nun kann man sich mit Fug und Recht fragen, was eine religiöse Ansichtssache wie das schwammige »Ehrfurcht vor Gott« in einem die Erziehung betreffenden Artikel einer Landesverfassung zu suchen hat, die Achtung der Menschenwürde und die Bereitschaft, sich als soziales Wesen zu präsentieren, sind gleichwohl ganz sicher in einer Gesellschaft dringend benötigte Eigenschaften. Aber sind das Eigenschaften, zu denen die Schule erziehen kann? Oder nicht vielmehr solche, die sich aus dem erfolgreich ausgeführten Bildungsauftrag der Schule ganz von selbst ergeben sollten?

Nicht dass wir uns falsch verstehen: Menschenwürde, soziales Handeln und andere wichtige Dinge des täglichen Zusammenlebens sollen natürlich Gegenstand der Betrachtung in der Schule sein. Sie können in den verschiedensten Fächern und den verschiedensten Zusammenhängen thematisiert werden, indem man sich die mannigfaltigen Verletzungen der Menschenwürde im Laufe der Historie anschaut oder mit den Schülern diskutiert, was unter einem Allgemeinplatz wie »soziales Handeln« verstanden werden könnte.

Nicht auszuschließen, dass dabei unterschiedliche Ansichten zutage treten, wie immer, wenn Menschen mit ihren ganz verschiedenen individuellen Hintergründen miteinander offen diskutieren. Dass die Akzeptanz dieser unterschiedlichen Ansichten, auch wenn man sie nicht teilt, in sich bereits ein Akt des sozialen Handelns und auch der Achtung der Menschenwürde ist, ließe sich dabei ebenfalls trefflich erkennen.

Der Akt der Erkenntnis jedoch ist kein Ergebnis von Erziehung, sondern von Bildung, die somit oberster Auftrag von Schule sein muss. Wenn wir noch einmal einen Blick in die NRW-Verfassung werfen, finden wir in Absatz 3 die Bestimmung: »Die Schule achtet das Erziehungsrecht der Eltern. Schule und Eltern wirken bei der Verwirklichung der Bildungs- und Erziehungsziele partnerschaftlich zusammen.« Klingt irgendwie nett, irgendwie richtig, ist aber gesellschaftspolitisch eigentlich reiner Sprengstoff. Denn wenn die Schule das Erziehungsrecht der Eltern, wie es sich übrigens in Paragraf 6 des Grundgesetzes manifestiert, achtet, wie kann sie dann gleichzeitig darauf hinwirken, bei der Verwirklichung dieser Ziele zusammenzuarbeiten? Das hieße ja, dass die Erziehungsziele der Eltern auf jeden Fall die gleichen sein sollten wie die der staatlichen Instanz Schule, ganz abgesehen von privaten Schulinitiativen, die häufig weltanschauliche Grundierung haben und unter Umständen ganz eigene Erziehungsziele verfolgen.

Aus diesem kleinen Exkurs lässt sich bereits erahnen, dass sich ein genauerer Blick auf die vermeintliche Allianz von Erziehungs- und Bildungsauftrag lohnt. Die beiden Begriffe scheinen das gleiche Ziel zu haben, sind aber in ihrer Stoßrichtung doch vollkommen verschieden.

Erziehung der Kinder, so bestimmt es Artikel 6, Absatz 2 des Grundgesetzes, ist »das natürliche Recht der Eltern und die zuvörderst ihnen obliegende Pflicht«. Damit sind die Eckpunkte des Begriffes Erziehung klar definiert, es handelt sich gleichzeitig um ein Recht und um eine Pflicht, und beides obliegt ganz eindeutig den Eltern eines Kindes. Nun mag man schnell einwenden, dass es nicht wenige Fälle gibt, in denen Eltern dieses Recht nicht ausreichend wahrnehmen können oder eben die Pflicht nicht wahrnehmen wollen und gegen ihren Erziehungsauftrag ganz offensichtlich verstoßen. Das ist richtig, und in solchen Fällen kommt der Schule unter Umständen eine ganz besondere Bedeutung zu. Hier jedoch soll vom Regelfall die Rede sein, und bei allen Problemen, vor die Eltern sich heute gestellt sehen, können wir doch davon ausgehen, dass der Großteil an der Erziehung seiner Kinder ein reges Interesse hat.

Was soll in diesem Sinne unter »Erziehung« verstanden werden und wie lässt sich dieser Begriff gegen den der »Bildung« abgrenzen? Erziehung in diesem Sinne meint die enge elterliche Begleitung der Kindesentwicklung. Kinder wachsen in ihrer geistigen und körperlichen Entwicklung, bis sie irgendwann »er-wachsen« sind. Dieses Wachstum müssen Eltern unterstützen, bisweilen in geordnete Bahnen lenken und mit ihren eigenen Erfahrungen unterfüttern. Erziehung meint also zunächst einmal schützendes Wachsenlassen des Kindes. Zweiter wesentlicher Bestandteil ist es, dem Kind ein Gegenüber zu sein. Eltern sind Eltern, nicht Freunde und Partner ihrer Kinder. Dieses Gegenüber begrenzt das Kind in seinem Verhalten, es spiegelt ihm auf stets liebevolle Art und Weise seine Verhaltensweisen und setzt diesem Verhalten damit natürliche Eckpfeiler und Wegweiser.

Nun sehen viele Menschen die Schule in der Pflicht, eben diese Leistung ebenfalls zu erbringen, und ein Teil davon, wie das Spiegeln von Verhaltensweisen, passiert sicher auch ohnehin ständig von ganz allein. Das Missverständnis besteht in der Annahme, das schulische Lehrpersonal sei dafür zuständig, aktiv die elterliche Erziehung zu ergänzen oder gar teilweise zu ersetzen. Tatsächlich sollte die daheim genossene Erziehung die Grundlage dafür sein, dass die Schule ihren Bildungsauftrag erfolgreich umsetzen kann.

Diese Trennung von Erziehungs- und Bildungsauftrag könnte dazu beitragen, Schule insgesamt zu verschlanken und wieder mehr Ressourcen für Bildung zur Verfügung zu stellen. An dieser Stelle wird mancher einwenden, dass solch eine Trennung heute gar nicht durchführbar sei, weil man mit den diversen, auch in diesem Buch beschriebenen Verhaltensauffälligkeiten der Schüler umzugehen habe und daher ohne einen großen erzieherischen Anteil der pädagogischen Arbeit nicht klarkomme. Das ist ein berechtigter Einwand, der die vorgeschlagene Trennung erschwert, aber nicht unmöglich macht. Diese ist hier bewusst als Zielvorgabe und Idealvorstellung formuliert, um deutlich zu machen, wie Schule zu ihren Kernaufgaben zurückgeführt werden könnte.

In diesem Zusammenhang muss ein Punkt ausgeführt werden, der ebenfalls Bestandteil der herrschenden Ideologie im Bildungswesen ist und damit von der Politik massiv ins Zentrum der Bemühungen gerückt wird, den ich jedoch in Teilen für hochproblematisch halte. Gemeint ist der stete Ausbau der Ganztagsangebote, sowohl im Bereich Kita als auch im Bereich Schule.

Der Gedanke, dass eine ganztägige Betreuung schon kleinster Kinder außerhalb der Familie ein erstrebenswertes Ziel ist, hat sich mittlerweile so verselbstständigt, dass darüber kaum noch ernsthaft diskutiert wird. Überall im Land sind Kindergärten und Kitas angehalten, ihre Öffnungszeiten immer stärker auszuweiten, in Großstädten nicht selten mittlerweile von 7.00 Uhr morgens bis in den Abend um 18.00 Uhr oder noch später. Die erste 24-Stunden-Kita wird vermutlich nicht mehr lange auf sich warten lassen. Und auch in den

Grundschulen wird alles darangesetzt, die Schüler möglichst lange in der Einrichtung behalten zu können. Mensen werden gebaut, Räume geschaffen, sogar Personal wird eingestellt, wobei es sich dabei in der Regel weniger um Lehrer als um Sozialpädagogen handelt.

Es ist kein Zufall, dass in diesem Zusammenhang auffällig oft auf das Bildungssystem in der DDR hingewiesen wird, in dem es weitgehend selbstverständlich war, dass Eltern ihre Kinder den ganzen Tag lang in Hort und Schule aufgehoben wussten. Offenbar ist die Vorstellung, der Staat sollte in gewisser Weise »Zugriff« auf die nachwachsende Generation haben, nicht aus der Welt zu bekommen. Wie verbreitet dieser Gedanke auch in Politikerköpfen noch ist, zeigte beispielsweise im Jahr 2002 eine kaum beachtete Bemerkung des damaligen SPD-Generalsekretärs Olaf Scholz, zum Zeitpunkt der Fertigstellung dieses Buches immerhin Bundesfinanzminister, Vizekanzler sowie Kanzlerkandidat der Sozialdemokraten. Scholz fantasierte allen Ernstes öffentlich davon, der Staat wolle »die Lufthoheit über den Kinderbetten«[26]. Der Zusammenhang war die Offensive der damaligen SPD-Familienministerin Renate Schmidt zum Ausbau der Ganztagsbetreuung. Schmidt selbst wird an anderer Stelle mit den Worten »Wir müssen lernen, was Liebe ist. Da kann der Staat helfen«[27] zitiert. Im Verbund mit Scholz' militärisch angehauchten Fantasien über die Kinderbettkontrolle durch allwissende und -schauende Beobachtung von einem erhöhten Standpunkt aus überkommt einen ein leichter Grusel bei der Vorstellung, Jugend- und Bildungspolitik würde unter derartigen Prämissen gemacht.

In den knapp 20 Jahren seit diesen Aussagen von Regierungspolitikern hat sich nichts zum Positiven verändert, die sozialdemokratisierte CDU unter Angela Merkel und wechselnden Familien- und Bildungsministern und -politikern hat sich der Idee vom Vater Staat, der wesentlich in die Erziehungsbelange der Eltern hineinpfuscht, ebenso verschrieben wie weiland Scholz, Schmidt und Co.

Im Grundgesetz ist die Trennung von Staat und Religion festgeschrieben. Auch diese ist häufig genug nur eine Illusion, doch das soll an dieser Stelle nicht das Thema sein. Aus meiner Sicht wäre es ein großer Schritt, wenn wir analog dazu zu einer weitgehenden Trennung von Staat und Erziehung kommen würden. Es ist eben nicht die Aufgabe des Staates, die Kinder zu erziehen, sondern er hat Eltern und Kindern die entsprechende Infrastruktur dafür bereitzustellen. Zu dieser Infrastruktur gehören funktionierende staatliche Schulen, kommunale Kindergärten und andere Bildungsangebote. Inhaltlich jedoch hat der Staat sich komplett rauszuhalten. Es wäre meines Erachtens Kennzeichen einer wahrhaftig liberal und freiheitlich denkenden Demokratie, dass sie ihren Bürgern zutraut, sich selbst organisieren zu können.

Das heißt konkret: Ziel einer sinnvollen Familien- und Bildungspolitik sollte nicht der immer weiter voranschreitende Ausbau von Ganztagsangeboten sein, sondern eine partielle Rückverlagerung von Erziehung in die Familien. Wer in den Familien am Ende den größeren Teil der Kindererziehung übernimmt, sollte individuell sein. Ich rede hier keinesfalls einer Rückkehr zu Strukturen das Wort, in denen die Kinder überwiegend an der Mutter hängen bleiben. Viele moderne Familien haben sich auch heute bereits gut organisiert und begleiten das Aufwachsen der Kinder gleichermaßen durch Vater und Mutter. Hier geht es eher um tradierte Männer- und Frauenbilder, die immer noch zu hinterfragen sind, auch wenn außer Frage steht, dass Väter und Mütter jeweils spezifische Teile des Aufwachsens und der Erziehung besser oder schlechter begleiten können. Indes: Das ist Teil einer anderen Diskussion, Fakt für die Frage des Einflusses von Schule auf die

Erziehung der Kinder ist in jedem Fall, dass dieser eher kleiner als größer ausfallen sollte.

Als zentrale Kernaufgabe von Schule sehe ich also den Bildungsauftrag an. Im Folgenden werde ich näher ausführen, was ich als Bestandteile dieses Auftrags definiere, was also Bildung im hier gemeinten Sinne umfassen sollte.

BILDUNG – RELIKT AUS ALTER ZEIT ODER MOTOR FÜR DIE ~~SUKUN~~FT?

| ZUKUNFT

Bildung ist ein großes Wort. Menschen, die als gebildet wahrgenommen werden, genießen hohes Ansehen, gelten aber auch als etwas abgehoben, fern von praktischer Vernunft und konkreten Handlungskompetenzen. Das liegt daran, dass der Begriff Bildung zunächst auf eine eher vergeistigte Form von Kompetenz zu verweisen scheint. Bildung erscheint dabei als Ansammlung von Faktenwissen, als Kenntnis alter Sprachen, vergangener Epochen, philosophischer Theorien, klassischer Literatur und Musik. Bei Bildung denken wir zunächst eher an den Professor einer geisteswissenschaftlichen Fakultät als an den Ingenieur, der sich mit der Energiegewinnung der Zukunft auseinandersetzt. Und selbst wenn Letzterer mitgedacht wird, spielen wir häufig genug eine Form der Bildung gegen eine vermeintlich andere aus, anstatt mit einer ganzheitlichen Sicht anzuerkennen, dass eine Gesellschaft alle Formen der Bildung benötigt. Dazu kommt, dass wir zwar ständig Bildung fordern, den Typus des Gebildeten aber als antiquiert und nicht zukunftsfähig empfinden, wie Konrad Paul Liessmann in seinem klugen Buch über *Bildung als Provokation* zutreffend beschreibt:

> »Gesetzt den Fall, dass uns der in einem klassischen Sinne Gebildete tatsächlich noch einmal begegnete, wären wir wahrscheinlich ziemlich irritiert. Der Gebildete verkörperte all das, was der aktuelle Bildungsdiskurs gerade nicht mehr unter Bildung verstehen will. Dazu gehören ein fundiertes Wissen, das es erlaubt, auch ohne Zensurbehörde die Fakten von den Fiktionen zu trennen, ästhetische und literarische Kenntnisse und Erfahrungen, ein

> differenziertes historisches und sprachliches Bewusstsein, ein kritisches Verhältnis zu sich selbst, eine auf all dem gründende abwägende Urteilskraft und eine gesteigerte Sensibilität gegenüber den Lügen, Übertreibungen, Hypes, Phrasen, Moralisierungen und Plattitüden der Gegenwart. Allerdings ließe sich nichts von dem vorschnell der Forderung nach Nützlichkeit, Anwendbarkeit und schneller Verwertbarkeit unterordnen.«[28]

Um den Begriff der Bildung wieder vom Kopf auf die Füße zu stellen, müssen wir ihn zunächst entschlacken. Bildung meint nicht die Ansammlung von Wissen. Bildung meint nicht die Fähigkeit, sich anständig zu benehmen. Bildung meint nicht, ein Gedicht interpretieren zu können. Bildung meint nicht, ein Haus bauen zu können. Und doch meint Bildung all diese und viele weitere Fähigkeiten gleichzeitig. Allerdings nicht als Kern des Bildungsbegriffes, sondern als sein Ergebnis.

Der Kern von Bildung, und damit auch Ziel schulischen Lernens, muss die Fähigkeit sein, vorurteilsfrei und auf der Grundlage von geprüften Fakten zu einer eigenen Meinung und daraus resultierend zu eigenen Handlungen zu gelangen. Bildung in diesem Sinne ist ideologiefrei, sie sucht keinen Vorteil zum Nachteil anderer, ist also folglich diskriminierungsfrei. Ihr Zweck ist die Freiheit des Individuums.

Zurzeit ist es so, dass wir diese Form der Bildung aus dem Blick verloren haben. An ihre Stelle ist der Begriff der Kompetenz getreten. Von der Medienkompetenz war bereits ausführlich die Rede, und auch sonst sollen Schüler in allen möglichen Bereichen vor allem Kompetenzen erwerben. Auch hier sehen wir die Effekte durch Corona noch mal deutlicher:

> »In der Pandemie ist kaum noch zu übersehen, dass in der deutschen Bildungspolitik schon lange nicht mehr

Inhalte im Vordergrund stehen. In effizienz-, kompetenz- und outputorientierten Schulen ächzen Lehrerinnen und Lehrer seit Jahren unter einem enormen Druck durch Evaluationsmethoden, Digitalisierungsvorhaben, Vergleichbarkeitswahn und latenter PISA-Fixiertheit.«[29]

Greifen wir einfach mal heraus, was für den Deutschunterricht an zu erlangenden Kompetenzen auf dem Plan steht. Im Land Baden-Württemberg sind das beispielsweise:

- Sprachkompetenz
- Kulturelle Kompetenz
- Methodenkompetenz
- Kommunikative Kompetenz
- Schreibkompetenz
- Lesekompetenz
- Medienkompetenz

Nun soll hier nicht bezweifelt werden, dass hinter all diesem kompetenten Begriffen Dinge stecken, die Schüler lernen sollten. Nur bedeutet die Vermittlung derartiger Kompetenzen noch nicht, dass Schüler in der Lage sind, sie miteinander zu verbinden und damit bei Problemen über den Tellerrand zu schauen. Das ist der entscheidende Schritt von Kompetenz zu Bildung und der Grund, warum man die beiden nicht verwechseln sollte.

Eine Rechenaufgabe korrekt lösen zu können, ist eine Kompetenz, ohne die es im Leben nicht geht. Bildung wird daraus, wenn der Schüler versteht, dass mit der Lösung der Rechenaufgabe verschiedene Dinge des Lebens beschrieben werden können und dass darüber hinaus die Lösung einer Rechenaufgabe manchmal trotzdem das eigentliche Problem nicht löst, weil dazu diverse weitere Kenntnisse aus anderen Bereichen notwendig sind, sowie die Fähigkeit hat, diese Kenntnisse miteinander zu verknüpfen.

Bildung ist die Fähigkeit, ganz Verschiedenes zusammendenken zu können. Es ist aber auch die Fähigkeit – und da liegt einer der entscheidenden Unterschiede zur Kompetenz –, nicht jede Wissensaneignung, jede Rezeption eines wie auch immer gearteten Werkes einzig unter einer ganz konkreten zeitlich nahen Nutzenorientierung zu sehen.

Das Problem, das diese Form der Bildung in Deutschland hat, ist, dass sie unter Diskriminierungsvorbehalt steht. Seit die Chancengleichheit aller Menschen, gleich welchen »Hintergrundes«, das oberste, staatlich und gesellschaftlich verordnete Bildungsziel ist, steht der klassische Bildungsbegriff unter dem Verdacht, elitär und exklusiv zu wirken. Das mag einerseits am Zugang und an der Art der Vermittlung liegen. Kompetenzen werden nach einem klaren Programm erworben und von dafür geschulten Menschen vermittelt. Das gehört heute zum Kern der Stellenbeschreibung von Lehrern: Sie sind dazu da, Kompetenzen in Schülergehirne einzupflanzen. Bildung hingegen lässt sich nur schwer »vermitteln«, sie entsteht erst beim Empfänger, genährt durch Interesse, Arbeitsbereitschaft und natürlich auch den möglichst breiten Zugang zu Informationen. Letzterer ist das Nadelöhr, das unter dem Stichwort »Bildungsgerechtigkeit« natürlich diskutiert werden muss, auf das aber nicht allein abgestellt werden darf.

Der Zugang zu Informationen, um Bildung zu ermöglichen, ist Gegenstand vieler Bereiche. Er berührt das Thema Digitalisierung, weil unterschiedliche Grade an Digitalisierung natürlich auch einen unterschiedlichen Grad an Möglichkeiten bieten, sich Informationen zu besorgen. Doch auch hier ist Digitalisierung nicht alles. Denn der Zugang zu Informationen bedeutet noch nicht, dass diese auch adäquat verarbeitet werden können. Bildung entsteht also nicht durch den Zugang, sondern erst im Zuge der Weiterverarbeitung. Informationen müssen gewichtet, in Zusammenhänge eingeordnet, sprich:

kritisch beleuchtet werden. Das ist im Zeitalter ungesteuerten Informationsflusses im Internet eine große Aufgabe. Hier scheiden sich traditionell in der Bewertung des Internets die Geister. Während die einen die Demokratisierung des Wissens feiern, sind die anderen besorgt über das ungehinderte Einströmen sämtlicher ungeprüfter Informationen auf den möglicherweise unvorbereiteten Geist. An dieser Stelle wird indes erst richtig deutlich, welche Bedeutung Bildung hat. Denn erst der gebildete Mensch ist in der Lage, die Vorzüge der Demokratisierung von Information durch das Internet sinnvoll zu nutzen. Wer lediglich lernt, sich Informationen zu besorgen, ist diesen dadurch noch lange nicht gewachsen. Aufgabe von Schule in diesem Zusammenhang ist es, die Schüler in die Lage zu versetzen, selbstständig Informationen zu bewerten und einzuordnen, ohne dass ihnen diese Bewertung und Einordnung von außen vorgegeben wird. Notwendig dazu ist die Förderung des Textverständnisses, die Ausbildung eines kritischen Bewusstseins in alle Richtungen und die Förderung einer grundlegenden Skepsis gegenüber jeder neuen Information.

Was aber bedeutet das für die Rolle des Lehrers als letztendlicher Vermittlungsinstanz zwischen »Bildung« und »Schüler«? Wie entscheidend diese Frage ist, wird deutlich, wenn man einen Blick auf die Inhalte der Lehrerausbildung wirft. Über viele Jahre hinweg hat sich hier eine schleichende Verschiebung weg von Fachinhalten hin zu einer durchgehenden Pädagogisierung und Didaktisierung des Berufes ereignet. Nun ließe sich da fragen: Sollen und müssen Lehrer denn nicht gute Pädagogen und didaktisch fit sein? Doch, das sollen und müssen sie. Aber ist es das Einzige, was noch zählt? Sicher nicht. Denn der ausschließliche Pädagoge ist am Ende kein Lehrer mehr, sondern nur noch der vielfach geforderte Lernbegleiter. Er vermittelt keine Fähigkeiten mehr, sondern macht Angebote, aus denen schon die Jüngsten nur noch auswählen müssen. Entscheidend bei diesen Angeboten ist dann auch nicht, dass sie ein breites Spektrum an fachlichen Informationen bieten, sondern dass sie die richtige Haltung vermitteln. Das breite Spektrum an Informationen nämlich würde bedingen, dass der Lehrer fachlich gut aufgestellt ist und viele Erklärungen zu diesen Informationen liefern kann, anhand derer die Schüler sich eine Meinung bilden – und damit letztlich Bildung erlangen – könnten.

Was damit gesagt sein soll: Die zu starke Konzentration der Ausbildung auf pädagogische und didaktische Aspekte, wie sie seit Langem um sich greift, nimmt Lehrern ihre Rolle als Bildungsvermittler. Stattdessen wird ihr Unterricht zum großen Experimentierfeld mit den Schülern als Versuchskaninchen und Probanden. Im Deutschunterricht etwa spielt nicht der Inhalt eines Textes die Hauptrolle im Unterricht, sondern alles konzentriert sich auf die Frage, anhand welcher Unterrichtsformen man wohl den Text präsentieren kann. Dabei spielt »Alle lesen den Text, der Lehrer vermittelt notwendige Rahmeninformationen zu Autor und Text, und wir diskutieren über den Text« kaum noch eine Rolle. Stattdessen sollen die Schüler angeben, wie sie sich bei der Lektüre des Textes fühlen, und der Lehrer ist vollauf damit beschäftigt, sich zu überlegen, welcher der vielen didaktischen Ansätze, die er gelernt hat, wohl am besten zu diesem Text passt. Am Ende hat dann zwar jeder Schüler sagen dürfen, ob er John Maynard als einen guten Kapitän empfindet, und der Lehrer durfte einen Teil seines Methodenarsenals ausprobieren. Doch niemand in der Klasse oder im Kurs weiß etwas über die Hintergründe des Poetischen Realismus, über Fontanes Leben und Schreiben oder über die formalen Aspekte der Textsorte Ballade, obwohl all diese Dinge entscheidende Hinweise zur Lektüre und Interpretation des Textes liefern.

Angesichts solcher Entwicklungen scheint es sinnvoll, sich an ein Frank-Zappa-Zitat zu erinnern, in dem dieser empfiehlt, statt sich mit mittelmäßigen Schulen abzugeben, lieber in die Bücherei zu gehen und selbstständig Informationen zu suchen. Doch um in die Bücherei zu gehen oder eben das Internet für anderes als Gedaddel zu nutzen, brauchen Schüler Neugier und Lehrer, die bereit sind, diese Neugier mit zusätzlichen Informationen und Gedanken anzufüttern. Ein System, in dem das kaum noch möglich und vielfach auch gar nicht mehr gefragt ist, kann bestenfalls Mittelmaß bieten und infolge produzieren. Und noch einen wichtigen Hinweis hat das Zappa-Bonmot zu bieten: »Bilde dich selbst, wenn du dich traust« ist ein wichtiger Verweis auf eine notwendige Voraussetzung für Bildung, die mit etwas Fantasie durchaus an das kantsche »Habe Mut, dich deines eigenen Verstandes zu bedienen« als Kernzitat des Aufklärungsgedankens erinnert.

Was zu fordern wäre, ist also nichts weniger, als sich auf die Tugenden der Aufklärung zu besinnen und Schüler anzuleiten, ihren Verstand als ein Instrument ihrer Freiheit zu verstehen und in diesem Sinne zu nutzen.

Eine Axt für das gefrorene Meer in uns – Plädoyer für eine Renaissance literarischer Bildung

Der amerikanische Sprachwissenschaftler Noam Chomsky schrieb: »Es ist durchaus möglich, überwältigend wahrscheinlich, könnte man vermuten, dass wir über das Leben und die Persönlichkeiten von Menschen stets mehr aus Romanen lernen werden als von der wissenschaftlichen Psychologie.«[30]

Um noch ein wenig deutlicher zu machen, was Bildung im hier verwendeten und geforderten Sinne von dem unterscheidet, was auf Kultusministerkonferenzen und in pädagogischen Seminaren dazu gemacht wird, greife ich jenen Bereich der Bildung heraus, der seit jeher am stärksten im Verdacht steht, reiner Selbstzweck zu sein. Nicht erst seit gestern gilt ein Germanistikstudium als Fahrkarte in minder angesehene Jobs von Taxifahrer bis Müllwerker, wobei man sich fragen darf, warum es Menschen gibt, die auf diese Tätigkeiten herabsehen, nur weil sie in ihrem Beruf Stundensätze von 500 Euro oder mehr einstreichen dürfen.

Literarische Bildung also, die Lektüre literarischer Werke, die nicht ausschließlich der Unterhaltung dienen, sowie die Kenntnis literarischer Epochen und Werke, dahinterstehender Theorien aus Philosophie und anderen Bereichen, diese Bildung gilt als unproduktiv. Und unproduktiv zu sein, ist ohnehin das Schlimmste, was Menschen in einem auf Effizienz und Produktivität ausgelegten System vorgeworfen werden kann.

In Wirklichkeit handelt es sich dabei um eine Form von Produktivität, die man nicht auf den ersten Blick sehen kann. Sie erzeugt kein direkt sichtbares Ergebnis, das man in die Hand nehmen und anfassen kann. Allerdings erzeugt sie die Verbindungen im Gehirn, die notwendig sind, um nicht zuletzt auch die Produktivität zu beflügeln, die anfassbare Ergebnisse hervorbringt.

Wer Biografien großer Persönlichkeiten verschiedener Jahrhunderte studiert, wird dabei häufig feststellen, dass diese, egal in welchem gesellschaftlichen Bereich sie ihren Ruhm erlangt haben, auch literarisch gebildet waren. Literatur spiegelt uns, die Höhenflüge und Abgründe der Figuren, auf die wir uns literarisch einlassen, sind immer auch unsere Höhenflüge und Abgründe, die Handlungen literarischer Geschichten geben uns die Möglichkeit, in verschiedene Richtungen zu denken, ohne dabei vom Autor bewusst in eine Richtung gelenkt zu werden. Zumindest gilt das für alle literarischen Richtungen, die nicht explizit im Dienst einer Ideologie oder sonstigen politischen Richtung stehen.

Damit ist literarische Bildung die ideale Voraussetzung für freies Denken, das sich nicht instrumentalisieren lässt. Dafür ist es nicht notwendig, nur Hochliteratur zu lesen, auch aus Werken der Unterhaltungsliteratur lässt sich bereits einiges lernen. In diesem Zusammenhang muss auf die Wichtigkeit des Lesens im Kindesalter hingewiesen werden. Vorlesen bei den Jüngsten und die Förderung eigenständigen Lesens mit zunehmendem Alter gehören zu den zentralen Erziehungsleistungen, die Elternhäuser anbieten sollten. Wer seine Kinder mit Bücherwelten vertraut macht, ihnen Zugang zur Welt literarischer Fantasie und den wildesten Ideen vieler verschiedener Autoren verschafft, hat als Vater oder Mutter schon mal eine ganze Menge richtig gemacht. Kurz gesagt: je breiter angelegt und umfangreicher die Lektüre, desto geringer die Gefahr, sich später von den Vorstellungen anderer instrumentalisieren zu lassen, desto größer also die Chance auf Freiheit.

EPILOGG – ODER: DIE IDEALE SCHULE

Nach all der Analyse, all der Kritik und den theoretischen Anmerkungen mögen Sie sich als Leser fragen: Wie stellt sich der Autor die ideale Schule nun eigentlich vor? Was gönnt er seinen Kindern? Was hätte er als Lehrer gern vorgefunden und umsetzen können? Nun, natürlich gibt es sie nicht, die ideale Schule. Aber ein wenig die Fantasie spielen zu lassen, ist nie verkehrt, um zu schauen, was in der Realität am meisten fehlt. So verstehen sich die folgenden Ideen als Etappenziele in verschiedenen Bereichen, die dazu beitrügen, Schule wieder zu einem Ort zu machen, der kommende Generationen tatsächlich aufs Leben vorbereitet und selbstständig und frei denkende Menschen aus ihnen macht.

In der idealen Schule kommen die Schüler morgens in helle, saubere Klassenräume und begrüßen maximal 14 Mitschüler. Die Räume sind baulich auf dem neuesten Stand hinsichtlich Lärmschutz, in energetischer Hinsicht werden die aktuellen Möglichkeiten optimal genutzt.

Auf dem Lehrplan stehen sowohl klassische Schulfächer als auch regelmäßige Stunden, in denen das Thema von Schülern und Lehrern frei und spontan gewählt werden kann. In diesen Stunden kann es um lebenspraktische Fragen gehen, um aktuelle gesellschaftliche Diskussionen oder um schulorganisatorische Dinge. Schüler und Lehrer legen die Themen zu Beginn der Stunde fest, der Lehrer fungiert als Diskussionsleiter, kann aber, je nach Altersstufe, auch einen oder mehrere Schüler dazu auswählen. In diese Unterrichtsstunden werden außerdem regelmäßig Menschen von außerhalb eingeladen, um beispielsweise etwas über ihre Berufe oder ihr ehrenamtliches Engagement zu erzählen und Fragen dazu zu beantworten.

In den höheren Klassen ist eine digitale Tafel mit vollem Funktionsumfang genauso Standard wie ein kompatibles Endgerät bei den Schülern, das von der Schule zur Verfügung gestellt wird. Im Grundschulalter wird dagegen mehr Wert auf die Interaktion zwischen Lehrer und Schülern gelegt, digitale Unterstützung des Unterrichtes spielt eine untergeordnete Rolle.

Klassischer Religionsunterricht ist abgeschafft, stattdessen ist eine erhebliche Aufwertung des bisherigen Werte- und Normenunterrichtes erfolgt, in dem kulturell-religiös-philosophische Fragestellungen behandelt werden, unabhängig vom Hintergrund der Schüler. Hier werden auch Diskussions- und Argumentationstechniken geübt, Leselisten für klassische Texte erarbeitet und diese Texte diskutiert. In regelmäßigen Abständen kommen Lehrer aus dem mathematisch-naturwissenschaftlichen Bereich dazu, um beispielsweise ethische Fragestellungen im Hinblick auf technische oder naturwissenschaftliche Forschungen und Entwicklungen zu diskutieren.

Von Klasse sechs an sind bei allen Schulformen zwei Fremdsprachen verpflichtend, die zweite neben Englisch ist möglichst frei wählbar.

Jeder Lehrer ist in seiner Ausbildung mit entwicklungspsychologischen Themen in Berührung gekommen und hat bereits zu Beginn des Studiums regelmäßig in Schulen hospitiert, um den Alltag zu erleben. Mit den Eltern herrscht ein reger Austausch, bei dem die Kompetenzen der Schule klar festgelegt sind und von Schulleitung und Kollegium gegenüber den Eltern genauso klar kommuniziert werden.

Das Notensystem ist im 15-Punktesystem ausdifferenziert und wird von regelmäßigen Feedback-Gesprächen mit jedem Schüler begleitet, sodass der aktuelle Leistungsstand und die Defizite jederzeit festgestellt werden können und gegebenenfalls die Richtung korrigiert werden kann.

Freiheit, die ich meine

Es ist die Freiheit, die den Menschen zum Menschen macht. Die Freiheit, das Denken ungehindert in alle Richtungen schweifen lassen zu können. Die Freiheit, öffentlich eine Meinung äußern zu können, ohne dafür in irgendeiner Weise bestraft zu werden. Die Freiheit, sich für oder gegen eine bestimmte Art zu leben zu entscheiden. Die Grenzen meiner Freiheit liegen da, wo ich sie nutze, um anderen Schaden zuzufügen. Diese Grenzen sind nicht immer starr, sondern situationsbedingt, und manchmal ist es unmöglich, sie ganz genau zu definieren.

Freiheit ist ein schillernder Begriff, der in der Geschichte häufig missbraucht wurde. Trotzdem ist es der einzige Begriff, der dazu taugt zu beschreiben, was uns als Menschen ausmacht und was die Voraussetzung für ein sinnvolles Leben ist. Freiheit ist gewissermaßen das übergeordnete Grundrecht eines jeden Menschen. Schulische Bildung hat insofern die Schüler zu befähigen, ihre Freiheit umfassend nutzen zu können.

Natürlich ist das idealistisch gedacht, und wir werden es nicht schaffen, von heute auf morgen Politik und Ideologie aus dem Schulbetrieb zu verbannen. Wichtig ist aber meines

Erachtens, dass wir diesen Gedanken überhaupt wieder denken und uns an der Idee der Freiheit berauschen. Nicht umsonst sind es in der Geschichte immer die Freiheitskämpfe gewesen, die den größten Eindruck hinterlassen. Befreiung von unterdrückerischen Regimes, Befreiung von gesellschaftlich aufoktroyierten Beschränkungen, für die es keinen nachvollziehbaren Grund gibt. All das hat Menschen in der Geschichte ihre glücklichsten Momente gegeben und ihr Menschsein spürbar gemacht.

Bei alledem ist innere Freiheit immer die Voraussetzung für äußere Freiheit. Innere Freiheit meint die Freiheit des Denkens. Das berühmte Lied »Die Gedanken sind frei«, das in seiner Urfassung bereits aus dem 13. Jahrhundert stammt, ist letztlich gleichzeitig optimistisch und deprimierend, postuliert es doch einerseits die Gewissheit, dass zunächst mal niemand Zugang zu meinen Gedanken hat, außer mir selbst. Andererseits schwingt in der Notwendigkeit, diese Gewissheit zu formulieren, auch die Erkenntnis mit, dass die äußere Freiheit mit der inneren häufig nicht mithalten kann. Der Freiheit des Gedankens folgt also nicht automatisch die Freiheit des Handelns, doch kann es Letztere nur geben, wenn zuvor frei gedacht werden konnte.

Schule als Ort freien Denkens

Was folgt nun aus diesen theoretischen Überlegungen zum Begriff der Freiheit für unser Bild von Schule und von Lernen? Schule muss vom Primat des freien Denkens ausgehen, um ihre gesellschaftliche Aufgabe zu erfüllen. Alles, was gelehrt und gelernt wird, Faktenwissen, methodisches Vorgehen, Grundkompetenzen, muss dazu dienen, die Schüler zu befähigen, sich ihrer Freiheit zu bedienen. Wer mathematische Fähigkeiten erwirbt, besitzt die Freiheit nachzurechnen, ob jemand ihn über den Tisch ziehen will. Wer Kenntnisse in Literatur und Sprache erwirbt, besitzt die Freiheit, seine Gedanken und Vorstellungen präzise formulieren zu können und sich dabei gegebenenfalls an bereits formulierten Gedanken zu orientieren. Niemand muss schließlich ständig das Rad neu erfinden. Wer naturwissenschaftliche Vorgänge verstehen lernt, besitzt die Freiheit, seine Umwelt präziser zu interpretieren und sich von Verschwörungstheoretikern nicht an der Nase herumführen zu lassen.

Soll nun »Freiheit« ein eigenes Schulfach werden, so wie es manche mit »Glück« vorgeschlagen haben? Nein. Beides ist nicht notwendig, im besten Falle folgt ja Glück ohnehin aus Freiheit, wenngleich Freiheit bisweilen auch schwer auf einem Menschen lasten kann. Vorstellbar wäre beispielsweise, dass Schulen sich in ihr Schulprogramm schreiben, dass sie sich der Freiheit des Denkens verpflichtet fühlen und diese an ihrer Schule nach Kräften fördern wollen. Das wäre dann als Eigenverpflichtung zu lesen, dass jeder Lehrer seinen Unterricht unter dieses Primat stellt.

Das mag zunächst ein wenig abstrakt klingen, scheint mir aber angesichts der grassierenden freiheitsfeindlichen Tendenzen in Politik und Gesellschaft weltweit ein unerlässlicher Aspekt der Bildungsdiskussion. Wir sehen seit vielen Jahren ein Wegbrechen all dessen, was sich als »Mitte« bezeichnen lässt, und ein immer stärkeres Hindriften zu extremen Positionen. Auch hier hat die Coronazeit noch einmal für eine Beschleunigung gesorgt. Politisch-gesellschaftlich stehen sich unterschiedliche Lager immer unversöhnlicher gegenüber, jede von der eigenen abweichende Meinung wird als »extrem« gebrandmarkt, anstatt sie als Diskussionsgrundlage zu sehen oder zumindest als legitim zu akzeptieren. Auch das könnte die Vermittlung des Freiheitsbegriffes in der Schule bewirken: ganz grundsätzlich andere Meinungen erst mal nicht als persönlichen Angriff wahrzunehmen, sondern eben als das, was es ist: eine andere Meinung. Auch die Fähigkeit, die eigene Meinung immer wieder kritisch zu hinterfragen, gehört zur Freiheit des Denkens. Wer seine eigenen Ansichten verabsolutiert, ist genauso unfrei im Denken wie derjenige, der anderen Meinungen keinen Raum zugesteht.

Der Gedanke ist also im Grunde der, den Begriff der »freiheitlich-demokratischen Grundordnung«, der unser gesellschaftliches Zusammenleben eigentlich definieren sollte, wieder in den Vordergrund zu rücken und mit Inhalt zu füllen. Dazu gehört selbstverständlich auch die Freiheit, über die Grenzen der Freiheit nachzudenken und zu erkennen, dass Freiheit nicht gleichbedeutend mit Anarchie ist. Zu Freiheit gehören Verantwortung und ein soziales Bewusstsein. Meine Freiheit zu verteidigen, bedeutet nicht, die Freiheit anderer zu negieren.

Freiheit und Bildung

Aus diesen Überlegungen zum Begriff der Freiheit erwächst auch ein klar konturierter Begriff von Bildung. Bildung korreliert unabdingbar mit der Freiheit des Denkens, Bildung, die unter freiheitsfeindlichen Denkbedingungen entsteht, ist immer defizitär.

Ein auf dem Gedanken der Freiheit gründender Bildungsbegriff ist auch ein Motor für gesellschaftliche Fortentwicklung. Die Vorstellungen, die mit diesem Begriff verbunden sind, würden sich außerdem von ihrer derzeitigen Fixierung auf akademische Bildung lösen und ein generelles Interesse an neutraler Information und ihrer Einordnung beschreiben. Die auf diese Art gebildete Gesellschaft müsste man als eine hoch entwickelte demokratische Gesellschaft betrachten, da sie immer wieder ihren eigenen Status hinterfragte und sich nicht von ideologisch motivierten Bewegungen vereinnahmen ließe.

Natürlich zeichne ich hier ein idealisiertes Bild davon, wie eine Schule aussehen könnte, die das Neutralitätsgebot wirklich ernst nimmt und darauf ausgelegt ist, ihren Schülern Wissen und Handlungsoptionen an die Hand zu geben, die sie im weiteren Verlauf ihres Lebens selbstständig nutzen können. In der Realität werden Einflüsse von außen immer Wirkung auf das Lehrpersonal und damit mittelbar auch auf die Schüler haben. Trotzdem ist jeder kleine Schritt in Richtung einer stärkeren Unabhängigkeit ein Schritt in die richtige Richtung.

Am Ende dieses Buches steht also der Appell, Bildung und Freiheit als Löschwasser für die brennende Schule und als Grundstein für den Neuaufbau derselben zu verstehen. Verbannen wir, so gut es geht, Ideologie, Politik, ökonomische Interessen aus der Sphäre der Schule und geben ihr den Status zurück, der ihr gebührt: den einer Bildungsanstalt, die Schülern ohne Ansehen ihrer Herkunft, ihrer Hautfarbe, ihrer Religion, ihres sozioökonomischen Hintergrundes die Chance gibt, Wissen und Methoden vermittelt zu bekommen, um darauf aufbauend eine Bildung entwickeln zu können, die dazu befähigt, ein selbstbestimmtes und unabhängiges Leben führen zu können, in dem auch die Belange der Mitmenschen ausreichend Berücksichtigung erfahren.

DANK

Es war mir ein inneres Bedürfnis, dieses Buch schreiben und veröffentlichen zu können. Wie immer wäre das jedoch nicht ohne die Hilfe und Mitarbeit einer Reihe von Menschen gelungen, die im Hintergrund auf die eine oder andere Weise ihren Beitrag geleistet haben, dass Sie, lieber Leser, dieses Buch tatsächlich in Händen halten dürfen.

Ich danke meinem Agenten Klaus Altepost, der wie immer seinen Anteil daran hat, meine Gedanken unters Volk zu bringen. Ich danke meiner Lektorin Bettina Stimeder, deren Interesse an meiner Idee dieser Idee den entscheidenden Stoß zur Realisierung in Buchform gab. Ich danke den Mitarbeitern des Ecowin-Verlages, die in Marketing, Presse und Vertrieb dafür sorgen, dass Bücher ihre Wege machen. Ich danke all denen, die mir für Interviews und Hintergrundgespräche zur Verfügung standen, mir von ihren Erfahrungen als Lehrer, Lehrerinnen, Eltern und Schüler berichtet haben. Ein posthumer Dank geht, gerade bei diesem Buch, an Jan Rombald, meinen Lehrer in Gemeinschaftskunde am Ubbo-Emmius-Gymnasium in Leer, der wesentlich den Weg dazu bereitet hat, dass ich verstanden habe, was unabhängiges Denken und Freiheit wirklich bedeuten. Ein Dank geht auch an die ehemaligen Kollegen an der Oberschule Weener, die dem unerfahrenen Quereinsteiger ihre Unterstützung zukommen ließen, sowie an meine ehemaligen Schüler in dieser Zeit, denen ich hoffentlich die eine oder andere wichtige Erkenntnis zuteilwerden lassen konnte. Danke an diejenigen besonderen Menschen, die mir in der Entstehungszeit dieses Buches und auch sonst geistige und moralische Unterstützung zukommen ließen. Last, but not least geht ein besonderer Dank an meine Familie, insbesondere an meine Kinder Rebecca und Marius, die nicht nur einmal als Studienobjekt für dieses Buch herhalten mussten.

ANMERKUNGEN

1 https://magazin.sofatutor.com/eltern/studie-schreiben-nach-gehoer-faellt-durch/ (abgerufen am 26.5.2021)
2 Kolleck, Nina: Das große Desinteresse. ZEIT Online, 26.9.2018 https://www.zeit.de/2018/40/bildungspolitik-erkenntnisse-wissenschaft-g8-nina-kolleck (zuletzt abgerufen am 14.6.2021)
3 Meidinger, Heinz-Peter: Die 10 Todsünden der Schulpolitik. Eine Streitschrift. München 2021. S. 69f.
4 https://www.kmk.org/kmk/aufgaben.html (zuletzt abgerufen am 14.6.2021)
5 Nida-Rümelin, Julian: Der Akademisierungswahn. Zur Krise beruflicher und akademischer Bildung. Hamburg 2014
6 Beutel, Espermüller-Jug, Pant: Leistungsbeurteilung zwischen Kompetenzfeststellung und der Frage der Gerechtigkeit. Bundeszentrale für politische Bildung Online, 10.12.2019 https://www.bpb.de/gesellschaft/bildung/zukunft-bildung/300898/alternative-leistungsbeurteilung (zuletzt abgerufen am 11.6.2021)
7 https://www.t-online.de/nachrichten/panorama/buntes-kurioses/id_90127738/mecklenburg-vorpommern-ministerium-schenkt-abiturienten-bessere-mathe-noten.html (zuletzt abgerufen am 11.6.2021)
8 https://www.weser-kurier.de/bremen/protest-fuehrt-zu-besseren-mathenoten-fuer-bremer-abiturienten-doc7e4g1kt0rs8ahw25lm6 (zuletzt abgerufen am 11.6.2021)
9 Oldenbürger, Walter: Bildungswelten. FAZ, 9.3.2017

10 https://www.derwesten.de/staedte/dortmund/dortmund-erster-mord-versuch-an-lehrer-scheitert-zweiter-mord-geplant-id218464577.html (zuletzt abgerufen am 8.6.2021)
11 https://www.vbe.de/presse/pressedienste-2020/vbe-schlaegt-alarm-wegen-zunehmender-gewalt-gegen-lehrkraefte (zuletzt abgerufen am 8.6.2021)
12 Winterhoff, Michael: Warum unsere Kinder Tyrannen werden. Gütersloh 2008
13 Klasen, Oliver: Mit dem Messer in der Schultasche. Süddeutsche Zeitung Online, 1.4.2019 https://www.sueddeutsche.de/panorama/schulen-gewalt-messer-mobbing-1.4390453 (zuletzt abgerufen am 8.6.2021)
14 Hoffinger, Isa: Wenn der Lehrer ausrastet. Süddeutsche Zeitung Online, 17.5.2010 https://www.sueddeutsche.de/karriere/gewalt-an-der-schule-wenn-der-lehrer-ausrastet-1.380490 (zuletzt abgerufen am 8.6.2021)
15 König, Ingrid: Schule vor dem Kollaps. Eine Schulleiterin über Integration, die Schattenseiten der Migration und was getan werden muss. München 2019
16 Stern, Elsbeth: Lernwirksam unterrichten. Berlin 2012. Zitiert nach: Kegler, Ulrike: Lob den Lehrer*innen. Wer Beziehungen stärkt, macht Schule gut. Ein Weckruf. Weinheim 2018. S. 185
17 Hoffmann, Maren: Den jungen Leuten fehlt das Feuer. Spiegel online, 2.6.2021 https://www.spiegel.de/karriere/ausbildung-in-der-krise-den-jungen-leuten-fehlt-das-feuer-a-8ed78fb5-67e6-445c-8a8a-e8366f2a5e3c?fbclid=IwAR3fK9h1YdP04bNXlreKi5YSd-51EbLOIcvskS-9vyY_J6WmY7TFSKJAMvf8 (zuletzt abgerufen am 2.6.2021)
18 Scheithauer, Prof. Dr. Herbert: Elterliche Erziehungsstile und Förderung emotionaler und sozialer Kompetenzen von Kindern. Vortrag auf dem Fachsymposium »Jeder Tag ist Elternabend! Eltern gewinnen, Partnerschaften stärken, Kinder fördern«. Augsburg 2014. https://www.papilio.de/files/papilio/red/dl-symposien/fachsymposium14-scheithauer-folien.pdf (zuletzt abgerufen am 4.6.2021)
19 Samuelis, Teresa: Digitale Bildung als Geschäftsmodell – Eine Einführung. https://www.bpb.de/lernen/digitale-bildung/werkstatt/247722/digitale-bildung-als-geschaeftsmodell-eine-einfuehrung (zuletzt abgerufen am 1.6.2021)
20 Lembke, Gerald: Verzockte Zukunft. Wie wir das Potential der jungen Generation verspielen. München 2019. S. 95
21 https://cms.gruene.de/uploads/documents/20200828_Grundsatzprogramm.pdf. S. 48, Punkt 320 (zuletzt abgerufen am 27.5.2021)

22 Senatorin Scheeres verteidigt schrittweise Schulöffnung. Süddeutsche Zeitung Online, 7.1.2021 https://www.sueddeutsche.de/politik/abgeordnetenhaus-berlin-senatorin-scheeres-verteidigt-schrittweise-schuloeffnung-dpa.urn-newsml-dpa-com-20090101-210107-99-936048 (zuletzt abgerufen am 7.6.2021)

23 https://lehrerfortbildung-bw.de/st_if/bs/if/unterrichtsgestaltung/methodenblaetter/lerntheke.html (zuletzt abgerufen am 28.5.2021)

24 Wellenreuther, Martin: Frontalunterricht, direkte Instruktion oder offener Unterricht. Empirische Forschung für die Schulpraxis nutzen. In: SchulVerwaltung NRW Juni 2009. http://www.martin-wellenreuther.de/content/Frontalunterricht.pdf, S. 3 (zuletzt abgerufen am 29.5.2021)

25 https://recht.nrw.de/lmi/owa/br_bes_detail?sg=0&menu=0&bes_id=7345&anw_nr=2&aufgehoben=N&det_id=492378 (zuletzt abgerufen am 26.5.2021)

26 Gehm, Karl-Heinz: Interview mit Olaf Scholz zu seinem Amtsantritt als Generalsekretär der SPD. Deutschlandfunk, 03.11.2002 https://www.deutschlandfunk.de/scholz.694.de.html?dram:article_id=60153 (zuletzt abgerufen am 10.6.2021)

27 Heinen, Guido: Wenn der Staat das Lieben lehrt. WELT Online, 5.11.2002. https://www.welt.de/print-welt/article419845/Wenn-der-Staat-das-Lieben-lehrt.html (zuletzt abgerufen am 10.6.2021)

28 Liessmann, Konrad Paul: Bildung als Provokation. Wien 2017, S. 8

29 Soltau, Hannes: In der deutschen Bildungspolitik stehen schon lange nicht mehr Inhalte im Vordergrund. Tagesspiegel Online, 10.1.2021 https://www.tagesspiegel.de/kultur/auf-dem-holzweg-in-der-deutschen-bildungspolitik-stehen-schon-lange-nicht-mehr-inhalte-im-vordergrund/26783422.html (zuletzt abgerufen am 10.6.2021)

30 Noam Chomsky: Language and Problems of Knowledge: The Managua Lectures, Lecture 5, Cambridge, Mass. 1988, S. 159